4·16구술증언록 단원고 2학년 3반 제7권

그날을 말하다

예진 아빠 정종만

이 도서의 국립중앙도서관 출판예정도서목록(CIP)은 서지정보유통지원시스템 홈페이지(http://seoji.nl.go.kr)와
국가자료공동목록시스템(http://www.nl.go.kr/kolisnet)에서 이용하실 수 있습니다.
CIP제어번호: CIP2019008342

4·16구술증언록 단원고 2학년 3반 제7권

그날을 말하다

예진 아빠 정종만

4·16기억저장소 기획 편집
(사) 4·16세월호참사가족협의회 지원 협조

책머리에

4·16기억저장소에서는 세월호 참사 5주기를 맞아 구술증언 수집 사업의 결과물 일부를 100권의 책으로 발간하게 되었습니다. 이 사업은 2015년 6월부터 다양한 학문 분야 구술 연구자들의 자발적인 참여로 진행되어 왔으며, 세월호 참사를 좀 더 정확하고 다각적으로 기록하고 기억하고자 하는 노력의 일환으로 수행되었습니다.

2014년 참사 발생 이후, 참사 피해자들의 목격담과 경험은 안타깝게도 공식적인 국가기관과 언론의 기록 속에서 철저히 소외되거나 왜곡되었습니다. 그것은 세월호 참사가 우리에게 안긴 죽음과 고통의 충격만큼이나 우리 사회의 끔찍한 비극이었습니다. 따라서 사업을 진행하면서 세월호 참사 희생자 가족, 생존자, 생존자 가족, 어민, 잠수사, 활동가, 기자 등등, 참사의 초기 과정을 직접 경험한 분들의 증언을 우선적으로 수집했습니다. 구술자는 이 사업의 취지와 방식에 개인적으로 동의한 분 중에서 선정했으며, 참여 과정에 어떠한 금전적 보상이나 이익이 제공되지 않았습니다. 또한 구술증언 수집 사업을 진행하는 동안, 면담자는 연구자이자 참사를 겪은 공동체 시민으로서 최대한 윤리적이고자 노력했습니다.

구술자마다 매회 약 2시간씩 3회를 원칙으로 음성 녹취와 영상 촬영을 하는 방식으로 진행되었고, 증언의 일관성을 확보하기 위해 면담자는 큰 틀에서 공통 질문지를 사용했습니다. 공통 질문지의 내용은 참사와 구술자 간의 관계성에 따라 차이가 있지만, 유가족 구술의 경우 1회차 '참사 이전의 삶, 팽목항과 진도에서의 경험, 자녀에 대한 기억'을, 2회차 '참사 이후 투쟁과 공동체 활동 경험'을, 3회차 '참사 이후 개인 및 가족이 경험한 삶의 변화와 깨달음, 자녀의 현재적 의미'를 중심으로 했습니다. 이처럼 증언 내용은 참사 이전에서 시작해 참사 발생 당시의 경험과 이후의 변화 과정까지 폭넓게 수집했고, 면담자는 구술 채록 과정에서 구술자의 발화를 최대한 존중하고자 했으며, 무엇보다 각자의 특수한 경험과 다른 시각을 충실히 반영하고자 했습니다.

이 구술증언록의 발간을 위해, 채록된 음성 자료는 문서로 변환해 구술자와 함께 검토했고, 현재 시점에서 공개할 수 있는 영역과 할 수 없는 영역으로 구별했습니다. 따라서 책에 실린 내용은 모두 구술자로부터 공개를 허락받은 부분입니다. 비공개 영역은 추후 구술자의 동의를 받아 적절한 절차를 거쳐 추가로 공개될 수 있으리라 생각합니다.

이 구술증언록 100권에는 그동안 우리 사회에 왜곡되어 알려지거나 잘 알려지지 않았던, 참사 발생 직후 팽목항과 진도 혹은 바다에서의 초기 상황에 관한 중요한 증언이 포함되어 있습니다. 또한, 자녀를 잃는 잔인하고 애통한 상황을 겪으면서도 그 누구보다 강인한 정치적 주체로 성장할 수밖에 없었던 유가족의 마음과 경험을 구체적으로, 그리고 여러 각도에서 살펴볼 수 있습니다. 그 외에도, 이 구술증언록은 2014년을 전후한 한국 사회의 여러 측면을 드러내는 귀중한 자료가 되리라고 생각합니다. 무엇보다 국내외의 많은 분이 이 책을 읽어, 장차 세월호 참사의 진상 규명과 역사 서술에 기여할 수 있기를 바랍니다.

구술증언 수집 사업이 진행되고, 책으로 출간되기까지 많은 분의 도움과 지지가 있었습니다. 이 지면을 빌려 부족하나마 감사의 말씀을 전하고자 합니다.

먼저 (사)4·16세월호참사가족협의회와 4·16기억저장소에 감사를 드립니다. 이분들의 신뢰와 적극적인 협조가 없었다면, 이 사업은 처음부터 시작할 수조차 없었을 것입니다. 또한 어려운 정치 환경 속에서도 사업의 취지에 공감해 재정 지원을 결정해 준 아름다운가게와 역사문제연구소에 감사드립니다. 두 단체 덕분에, 이 사업을 4년 동안 계속해 올 수 있었습니다. 그리고 구술증언록 100권의 발간에 동의하고, 바쁜 일정에도 출판 실무를 기꺼이 맡아주신 한울엠플러스(주)에도 감사를 드립니다. 이 외에도 많은 개인과 단체가 직간접적으로 많은 도움을 주시고 격려해 주셨습니다. 여기에 모두 밝히지 못하는 것을 죄송하게 생각합니다.

　말할 필요도 없이, 가장 크고 또 가슴 아픈 감사는 구술자 한 분 한 분께 드리고자 합니다. 이 책이 발간될 수 있었던 것은, 무엇보다 용기를 내어 아픔과 고통의 기억을 다시 떠올리고 장시간 진심으로 이야기를 해주신 구술자가 있었기 때문입니다. 오랜 시간 이야기를 나누며 함께 공감하기도 했지만, 그 아픔과 고통을 어떻게 가늠할 수 있을까 싶습니다. 더 큰 도움이 되지 못함을 안타까워하며, 이 구술증언록 100권의 발간이 피해자분들에게 조금이라도 위로가 될 수 있기를 기원합니다.

2019년 4월

4·16기억저장소 구술팀 책임자
서울대학교 인류학과 교수 이현정

차례

■ 1회차 ■

■ 3회차 ■

예진 아빠 정종만

구술자 정종만은 단원고 2학년 3반 고 정예진의 아빠다. 주말이면 가족과 함께 시간 보내기를 좋아하는 가정적인 그에게, 맏딸 예진이는 친구처럼 가깝고도 친밀한 존재였다. 예진이는 성격이 유쾌하고 활발했으며, 어려서부터 연극영화과 진학을 정할 정도로 확고한 꿈을 가진 아이였다.

정종만의 구술 면담은 2015년 12월 10일, 24일, 2016년 1월 7일, 3회에 걸쳐 총 3시간 30분 동안 진행되었다. 면담자와 촬영자는 박여리였다.

구술자 본인의 프라이버시나 제3자의 프라이버시를 보호해야 할 부분을 제외하고는 구술자의 발화를 있는 그대로 전사했다.

1회차

2015년 12월 10일

1
시작 인사말

면담자 본 구술증언은 4·16 사건에 대한 참여자들의 경험과 기억을 기록으로 남김으로써 이후 진상 규명 및 역사 기술에 기여하고자 합니다. 지금부터 정종만 씨의 증언을 시작하겠습니다. 오늘은 2015년 12월 10일이며, 장소는 안산시 정부합동분향소 조계종 사무실입니다. 면담자와 촬영자는 박여리입니다.

2
구술에 참여하게 된 동기

면담자 구술에 참여하시게 된 계기나 개인적인 동기가 있으신지요?

예진 아빠 동기라기보다도, 자꾸 잊혀져 가기 전에 지금 이렇게 기억을 남겨놓으려고, 그런 생각이 맞다고 생각이 들어갖고 그래서 하게 되었습니다.

면담자 좀 잊혀지는 것 같으세요?

예진 아빠 아무래도 벌써 2년이라는 시간이 다가오고 하니까 처음보다는 자꾸, 이게 처음에는 억울하고 뭐라 그럴까 답답하고 그런 거였는데, 자꾸자꾸 사소한 것은 없어지고 큰 맥락만 남아가는 것 같고 안타까워서, '지금이라도 늦지 않았다, 생각나는 만큼 해놓자' 그래서… 마음먹었습니다.

면담자   그러면 나중에 이런 기록들이 남아서 어떤 목적으로 사용되었으면 하시나요?

예진 아빠   기록을 가지고 충분히 도움이 된다면은, 진실을 밝히는 데 써야 되고 역사를 남기는 데까지도 썼으면 좋겠다는 바람입니다. [그렇게] 생각하고 있어요. 어차피 우리가 못 했지만은, 할 수도 있고 안 될 수도 있고 하는 건데, 이런 것부터 기초적인 것부터 있어야 그게 다음 애들도 또 보고 듣고 하지 않을까 싶으네요.

3
안산에 오게 된 계기와 직장

면담자   언제 안산에 오셨나요?

예진 아빠   제가 안산에 온 거는 1990년도? 91년도?

면담자   원래 고향은 어디셨어요?

예진 아빠   저는 강원도 영월이고요. 그래서 친구가 또 이렇게 안산에 동창이죠. (면담자 : 고등학교 동창이요?) 중학교, 고등학교 동창이 안산에 있는데 "한번 놀러 와라" 그래 갖고 놀러 왔다가 잡혀갖고 그냥 와버리게 됐습니다.

면담자 직장은 그 친구 분이 다니시던 데 같이 가시게 된 거예요?

예진 아빠 그 친구는 여기 와서, 벌써 한 1년 전에 먼저 와서 왔다 갔다 했고요. 저도 처음은 아니고 놀러를 몇 번 왔다 갔다 하고, 의정부도 우리 친구 있어 왔다 갔다 했다가, 젊은 시절이니까, 여기도 왔다가 그냥 젊을 때 그냥 머무르게 되고 터를 잡다 보니 이 지경까지 왔습니다.

면담자 그러면은 안산에서부턴 어떤 일을 하시기 시작하셨나요?

예진 아빠 안산에 처음에는 안 해본 게 거의 없죠. 장사 같은 것도 해보고, 직장생활도 해보고, 직장생활을 하면서 회사에서 아주머니가 우리 와이프를 소개시켜 준 거예요.

면담자 소개받으신 거예요?

예진 아빠 예. 그 딸의 친구가 "괜찮은 아가씨가 있다, 만나봐라" 그래 가지고 "한번 만나보겠다" 그래 갖고, 만나갖고 그렇게 됐습니다.

면담자 그때가 언제쯤이셨어요?

예진 아빠 그때는 90 몇 년도 됐죠, 96, 7년도 됐죠.

면담자 그러면은 예진이가 첫째라고 알고 있는데.

예진 아빠　　　예, 큰애죠.

면담자　　　언제 낳으셨는지?

예진 아빠　　　예진이가 97년 12월 11일 날.

4
4·16 이전의 일상

면담자　　　그러면 안산에서 사시면서 보통 하루 일과가 어떠셨나요?

예진 아빠　　　저는 안산에 살면서 거의 총각 때는 2교대 같은 것도 해봤지만은 결혼하고는 2교대를 안 하고 거의 영업직을 많이 했죠. 회사의 영업직 기아자동차나 그런 쪽하고, 거기 좀 있다가 또 나와서 장사를 한다고 식자재 납품 같은 것도 하고, 장사를 몇 개 하다가 돈벌이가, 알다시피 지금 나라가 망하듯이 옛날도 IMF 터지고 경기가 안 좋다 보니까 돈벌이가, 애가 또 크다 보니까 예진이가 벌써 유치원 넘게 가고 그러니까 돈이 모자라는 거라. 혼자 있을 때는 어떻게든 관계없는데, 둘이서 어떻게든 문제없는데 애가 자꾸 커가니까, 그 당시에도 유치원비만 해도 만만치 않았으니까. 지금도 어마어마하지만은, 더 하지만은, 그 당시만 해도 애를 학원 한두 개 보내고 유치원 가고 그러면 3, 40만 원 나가고 그런 상황이니까, 도저히 장사 가지고는 안 되고 '다시 직장을 들어가자, 안전하게 가자, 나라 꼴이 개판됐으니까 안전빵으로 가자' 그래서 다시 들어왔고요.

면담자   영업직이면 늦게 들어오시고 그러셨겠네요.

예진 아빠   그랬던 것도 있죠. 늦게 올 때도 있고 빨리 올 때도 있고. 거의 자동차 납품 영업 할 때는 늦었죠, 거의. 지금도 마찬가지지만 현재도 노동자들이 힘들고 그러지만은, 그때 당시에도 마찬가지였고. 일을 뭣 같이 해놓고 돈은 개뿔 조금 주는 나라였고, 그 당시에도. 저도 젊었을 때에는 한때는, 총각 시절에는 노동운동 비슷하게 해가지고 노조를 만들고 그랬던 경험도 있거든요, 인천 부평에서. 이 더러운 나라를 다시 또… 진짜 내 주위에 나보다 더 못하고 나보다 더 어린 애들이 와갖고 실습을 나와서 일을 하더라고요, 회사에서. 그게 참 부당한 대우를 받을 때, 우리는 예를 들어 그때 당시에 일당이 3800원, 3700원 했는데, 얘네는 그거를 미치지 않게 일당을 주고.

면담자   같은 일을 해도?

예진 아빠   예, 같은 일을 하고도 [적게] 받고, 걔네는. 우리는 이렇게 특채 비슷하게 들어가니까 기숙사도 공짜로 해주고 밥값도 식대도 깎아주는데, 걔네는 자기네가 방을 얻어서 자기네가 사는, 그런 걸 보니까 부당하더라고요. 그래서 도저히 안 되겠어 가지고 걔네가 한 일고여덟 명이 있는데 강원도 애들이에요, 더구나. 그래 또 끌리잖아요. 또 불쌍하더라고요. 애들이 올라와서 자기네들끼리 여섯, 일곱 명이서 모이는데, 나는 그래도 졸업하고 조금 회사에서 위치가 인정해 준다고 하니까 편하지, 나는 자유 시간이 많으니까. 그런데 걔네는 주말, 그 당시에는 주말도 없고 일요일도 없고 특근을 계속 시켰어요, 수출을 막 할 때. 그래서 걔네는 10시, 12시까지 [일]하고, 주말에도 특근을 일요일인데 특근을 [시키고]. 걔네는 시골에서 올라왔다는 조건으로 볼일이 있는데도 "야, 뭘 다음 주에 볼일 봐, 바빠. 지금 바쁘게 일해야 돼" 회사가 그런 식으로 애한테 [못 쉬게 하고]. 우리는 주말에 일시키면 못 한다고 안 나가고 그래도 욕이나 한번 먹든가 안 짤리는데, 얘네는 자르겠다 엄포를 주니깐. 위에서 그걸 봤을 때 나는 '진짜 이건 잘못됐다. 똑같은 노동자고 똑같이 일하고 똑같이 월급을 줘야 될 상황인데, 특별한 조직이면 몰라도. 그런데 얘네는 부당하게 왜 얘네만 끌고 가냐' 그래서 부평 있을 때 노조를 가입을 해서 신청을 해놓고, 그러다 보니까 회사가 난리가 난 거지. 이사급 전무급으로 다 찾아오고 그냥 "왜 그러냐, 뭐가 불만이냐?" 또 나한테만 별도로 잘해준다는 그런 조건으로 그래. "난 필요없다. 잘해주려면 똑같이 해줘야 된다, 얘네하고. 왜 나만 특별히 잘해주냐? 난 그거 원하지 않는다. 나는 여기서 그만둬도 갈 데는 많다" 그런 식으로 해가지고. 회사에서도 말 안 듣고 그러니까. 위에 대가리들 말을 안 듣죠, 당연히.

그래서 내가 걔네들 데리고 나가서 작업 거부를 시켰죠. "야, 작업하지 마. 오늘 들어가지 마" 그럼 뭐 하냐[고 물어요]. "나를 따라댕겨. 내가 밥 사줄게" 그리고 하루 종일 놀려다 보니까 갈 데도 없고, 골프장 옆에 골프공 주워[주우러] 댕기고, 자동차 학원 옆에 자동차 구경하러 댕기고, 여섯 명을 부평 시내를 한 이틀 동안 [회사에] 들어와서 잠은 자고 끌고 댕기면서 작업 거부를 했어요, 회사에서. 그러니까 다 나와서 위에 사람들이 이사, 전무, 사장들이 와서 "다 같이 이야기를 해보자. 뭐가 문젠가" 이야기를 했죠, 솔직하게. "얘네가 이렇게 부당한데, 얘를 올려줘야 되지 않냐. 기본급도 더 올려줘야 되고. 무슨 보장을 해줘야 되고. 그게 얘네가 오케이를 하면은 같이 작업을 하고 같이 일을 하겠다" 그리고 얘네도 알다시피 다 완벽하게 안 돼도 좀 많이 좋아지고, 식당도 밥을 먹어도 똑같이 먹고 그런 상태가 되고, 봉급도 조금 올려주고 그런.

면담자   노조를 처음 만드신 거네요, 그러면.

예진 아빠   예. 그래서 해놓고, 또 하다 보니까 자꾸 난 회사에 눈총이 오더라고. 자꾸 세력이 더 커지니까, 노조, 밑에 애들 노동[조합]이 더 커지니까 일반 사람들도 들어오고 가입이 된 거. 난 '이 정도 규모가 되었으면 나는 됐다. 어쨌든 나는 떠나도 된다' 그래서 노동부에 인수인계를 해주고, 이 단체 마크를 넘겨주고 그 회사를 나오고 의정부를 갔죠. 그때 그 의정부 [친구] 걔한테 가서 또 의정부 가서 일을 하고, 그래서 다시 놀다가 보니까 안산에 또 와서 왔고.

면담자   그럼 안산에서도 노동운동을 하셨나요?

예진 아빠   안산에 와서는 그냥 조용히 비판적으로만, 사회적으로만 친구들끼리 모여서 그런 거나 하고, 모여서 노래나 부르고.

"뭔 회사가 나쁘더라, 그 사장이 누구더라" 그러면 쫓아가서 누가 할 때 같이 가서 도와주고 그런 거밖에 한 게 없고, 안산에서는 그렇게 부각된 게 없어요. 그냥 혼자 있을 때 그런 걸 하고 다녔는데, 나이를 먹다 보니까 자꾸 그런 생각이 들잖아요. '더 강해지지 말자'. 내가 진짜 많이 배우고 세력이 컸을 때는 내가 나가는데, 그건 나 혼자 도저히 감당할 일이 아니다. 좀 비겁한 거죠, 그때는 좀 비겁한 거지 사실은. 그래도 결혼이라는 걸 하다 보니까 점점 못 나서는 거지. 애가 있다 보니까 못 나서고 자꾸 뒤로 빠지게 되고 그렇게 되더라고요. 하다가 직장생활을 또 하다 보니까 자꾸 옛날 생각이 나가지고 열이 받는 거야. [그냥] 지나가기가 안 되는 거야, 이걸. 부당하잖아. 이건 잘못됐다. 이걸 못 참다가 뛰쳐나가서 장사도 해보고. 그렇게 하다가 또 애 생기고, 애 놓다 보니까 '안 되겠다, 돈이 안 된다' [했던 거죠](웃음).

면담자　　　그러면 장사는 뭐 하신 거예요?

예진 아빠　　　식자재 그거 식당에 들어가는 재료 있죠? 그거를 도매상에 떼다가 식당마다 가져다 팔면서. 그런데 그것도 만만치 않은 게, 수금이라든가 좀 악덕 기업이 많더라고요. 악덕 주인이 많더라고요, 작은 식당인데도(한숨). 사람들 못됐더라고, 다 내 맘 같지 않고. 당연히 돈을 깔아놔야 되는 줄 알았는데, 우리는 현금 주고 돈 주고 사 와서 외상을 주다 보니까. 외상도 이렇게 딱딱 마감을 끊어주면 좋은데, 안 해주고 건너뛰고, 건너뛰고 하다 보니까. 마진이 예를 들어 100만 원어치 가지고 오면 10만 원 남는 건데, 하루 기름값 빼고 나면 그거밖에 안 되는데, 자꾸 미수[금이] 깔리다 보니까 내 부채가 500, 600[만 원] 넘어가다 보니까. 여기서는 돈을 줘야 물건을 갖고 오는데, 여기는 돈을 안 주면 물건을 또 [안 줘서] 그날 다른 집까지 [물건을] 못 가져다주니까, 돈을 안 주니까 못 갖다주고 그런 경우도 있고. 내 돈이 들어가다 보니까 안 되겠다 [싶어서] 강하게 "돈 안 주면 나도 [물건] 못 주겠다"고, [납품하는] 식당에 가서. 그런 집이 정리가 많이 되다 보니까 돈이 또 안 되는 거야. 사실 그렇게 끌고 간대도 돈이 안 되는 거죠. 미수[금]이 깔릴 바에는 10퍼센트 마진밖에, 11퍼센트 마진인데 50만 원 팔아가지고 5만 원 받는 건데, 못 받고 20만 원 받으면 2만 원밖에 안 남는 건데. 그런 [집이] 점점 줄어들다 보니까 안 되더라고.

면담자   그 뒤로 계속 안산에서 다니시나요?

예진 아빠   그렇죠. 그리고 지금 들어온 회사가 12년 됐고요. 그전에, 그러니까 그전에 결혼을 해서는 직장생활을 좀 하다가 식자재[사업을], 예진이 낳아가지고 한 4, 5년 했고, 안 돼서 이 직장으로 들어와 가지고 한 십 몇 년 가까이 [있었어요]. 그나마 여기는 좀 편한 게 영업을 해도 반 이상이 운전 반, 영업 반[으로 이익 배분하니까], 자기 일을, 영업이 자기 노하우를 가지고 영업을 하다 보니까 자기 마음이 편한 거야. 자기가 하고 아는 만큼만 답변을 해주고, 모르면 자료 찾아서 답변을 해주고. 물건 단위가 일반 영업보다는 판매직인 게 [나은 이유가] 오다[주문]를, 수입을 해서 판매를 하다 보니까 좀 베짱이를 부린다고 해야 되나, 어쩔 때는. 어쩔 때는 좀 늦어지면 늦어지는 대로 어차피 그 공장이 물량을 풀어야 되니까 기다려주는 것도 있고. 그래서 많이 견디고 재미도 많고. 이렇게 자기가 영업을 할 때 [거래가] 됐을 때 쾌감이라든가, 자기 거래처인데 거래처가 많을 때 내가 어디 가서 나를 인정해 줄 때, 나한테 전화 와가지고 찾아줄 때. 자꾸 이렇게 햇수가 되다 보니까 자꾸 늘어나고, 또 어려운 거 질문 들어올 때 내가 찾아갖고 가져다주고 알려주니까 고맙다고. 또 나중에 1년 지나고 다시 나한테 전화해 갖고 "이것 좀 구해달라" 아니면 다른 업체도 있는데 나한테 "견적 좀 줘봐라, 써보겠다" 자꾸 하다 보면 재미도 있고. 옛날처럼 막 하다가 [했으면] 그만뒀겠죠 또(웃음).

면담자   그러면은 주말도 근무하셨나요? 아니면 주말에 보통 어떻게 보내셨나요?

예진 아빠   이 회사 들어와서는 옛날… 지금 한 십 몇 년 근무한데는, 처음에는 초창기 때 주 40시간 그렇게 근무할 때는 토요일 오전까지 다 하고 토요일에도 일하고 그랬는데, 그 주가 시간이 바뀌다 보니까 우리 회사도 주말에는 근무 안 하는 걸로 하고, 토요일도 쉬고, 주말에[는 쉬죠]. 그래서 항상 끝나는 시간이 6시가 되고, 9시 출근해서 6시에 퇴근시간이니까 내가 약속을, 오늘도 6시 반 이후나 7시 되지 않을까 약속을 했고. 그런데 특별한 경우는 어쩌다 있겠죠. 늦을 수가 있고, 일주일에 한두 번 늦을 때가 있고. 그런 거는 감안해야 되는 거고. 다 공무원처럼 아침에 갔다가 저녁에 땡 치면 나오는 건 안 되는 거고. 그런데 그런 자세로 일하는 것도 안 되는 거고. 바쁠 때는 해주고 한가할 때는 자기 [시간을] 좀 빼고 그래야죠. 뭐든지 자기 실속만 찾아서 내 일만 40시간만 한다고 그러면 그건 서로 안 되는 거고.

면담자   그러면 주말에는 집에 주로 계셨어요, 아니면 다른 취미활동이 있으셨나요?

예진 아빠   지금 4·16 이전에는 거의 취미가 있다 해도 주말은 가족과 함께. 제 철칙은 항상 그랬고… 그렇게 [철칙으로] 잡았는데, 애들하고 우리 애들하고 좀 친했어요, 제가. 주말은 내가 약속 거의 안 잡아요. 그래서 주말은 무조건 가족과 함께. 특별한, 집에 친척이나 행사가 있으면 어쩔 수 없는 거고, 개인적으로 친구를 만나든가 친구랑 어디 가든가 하면 주말에는 안 나가고 금요일까지만. 월화수목금 그 밤에라든가 일을 빨리 끝내고 가서 만난다든가 그랬고. 그래서 몸에 밴 게 지금도 주말에는 거의 그래요. 주말에 보통 있을 때는 저희가 집이 강원도다 보니까, 시골이, 그때는 애들 데리고 많이 내려가고. 애들 외할머니가 살아 계실 때, 충남이거든요, 청양, 거기도 좀 많이씩 가고. 주말에는 애들하고 있다 보니까 놀러, 이렇게 스케이트도 많이 타러 오고 [가고] 공원도 많이 댕기고, 지금 그런 게 있어요. 주말에는 가족과 함께 있다 보니까, 안산에 있는 친구들이 모이자 그러면은 "야, 그러면 나는 어차피 가족과 있어야 되니까, 우리 가족, 너네 가족끼리 모여서 삼겹살 모여먹자, 어디서. 공원으로 나와라" 그런 식으로 가족 단위를 많이 만났죠, 주말에는. 꼭 친구들이 평일 날 못 만나고 주말에 만나면 "야, 우리 가족 오늘 뭐 먹을 건데, 할 건데, 그럼 너네 가족 애들도 데리고 와서 같이 좀 놀자. 그럼 우리 집 쪽이나, 우리 집이 멀면 내가 그쪽으로 가자" 그래. 주말에 친구들 행사가 있으면 가족끼리 만나는 거예요. 개인적인 거는 어차피 일 년에 한두 번 어쩔 때 어디서 간다고, 야유회나 그런 건 어쩔 수 없는 거고. 주로 가족과 함께, 주로.

5
예진이의 성격과 기억에 남는 일화

면담자　　　예진이가 되게 활달한 성격이라고 들었어요. 아버님을 닮았나 봐요.

예진 아빠　　　우리 딸하고 너무 친하고 애들이 친하다 보니까 우리끼리 유머를, 조크를 많이 하죠. 애들끼리 장난도, 얘네들이 개그 프로를 보다 보니까. 우리 예진이가 있을 때는 [제가] 신세대 말을 빨리 배워요, 걔가 듣고 오면 나도 알아채야 하니까. 다른 내 친구들이나 다른 사람 만나도, 나는 애들 말 쓰니까 "야, 그게 뭔 이야기야?" 그러면 "야, 그런 거 요즘 애들 말도 몰라?" 그런 식으로.

내가, 예진이가 활달하고 그러니까 많이 배우고, 예진이한테도. 그런 것도 있고 참 재미있었죠, 옛날에는….

면담자   예진이랑 주말에 같이 많이 다니셨다고 했는데, 혹시 가장 기억에 남는 일이라든가 일화 이런 게 있으신가요?

예진 아빠   거의 놀러 갔던 기억하고, 강릉, 휴가 때는 강릉 경포대 같은 데로 한 번 갔다 오고요. 이 녀석이 바나나보트인가 뭔가 타는데 무섭다고 못 타고. 그리고 저녁에, 저녁에는 불꽃놀이한다고 세워놓고 하고, 깔깔대고 웃고. 불꽃놀이 불붙이고 깔깔대고 웃고 놀고 있고. 밤에 앉아가지고 파도 소리 들으면서 "무서운 파도다. 겁나는 파도 소리야" 그러면서 그런 것도 기억나고. 그래가 들어가서 자고 아침에, 저희는 가족과 있다 보니까 여행을 가도 한 군데 머무르지 않고 2박 3일을 가면 강릉 갔다가 속초 올라와서 이쪽 올라오는 길에 몇 군데를 거쳐요. 강원도 휴가 때를 가도 계곡에 한번 갔다가, 다음 날에는 강에도 한번 들렀다가 올라오고, 그런 식으로.

면담자   주로 자연 이런 데 많이 가셨나 봐요.

예진 아빠   예, 거의 제가 아는 데가 산골짜기밖에 없으니까(웃음). 다슬기도 강에, 다슬기도 애들하고 같이 잡고. 그때가 초등학교 때였나? 애 초등학교 들어가기 전이었네, 예진이 다슬기도 좀 잡고(웃음).

면담자　　　　예진이가 중학교, 고등학교 다닐 때도 이렇게 자주 가족여행을 다니셨나요?

예진 아빠　　　　고등학교 다니고부터는 거의 바빴죠, 예진이가 자기 생활로. 중학교 3학년 되니까 걔가 꿈이 있더라고. 예진이가 꿈이 있어 가지고 자기만의, 자꾸 예진이 같은 경우는 자기가 알아서 하려고 그러더라고요. 자기가 알아서 [하니까] 예진이한테 공부를 하라고, 시험 때도 공부하라고 내가 이야기 한 적이 없어요. 자기가 알아서 독서실을 끊어 가고, 자기 알아서 시험 보고. 나는 걔가 시험 본다고, 밤에 새벽에 불이 켜져 가지고 들여다보면 공부를 하고 있어. "왜 안 자?" 그러면 시험 기간이라는 거야. '아, 시험 보는구나' 그 정도고. 걔가 알아서 시험을 보고, 지가 알아서 하고, 자기 꿈에 대해서 자기가 하고.

단지 중학교 3학년 때 한번은 조금 마찰이 있었죠, 예진이하고. 마찰이라기보다 담화. 우리는 거의 싸우는 게 거의 없으니까 얘기를 좀 길게 한 게 있는 게 대학교 진로, 고등학교 진로에 대해서 이야기를 했는데, 자기는 연극영화과나 그쪽 예대 쪽으로 나가고 싶다고 그러더라고요. 그래 가지고 나는, 그건 예진이한테 그랬지. "너는 그게 힘든 일인데 왜 그거를 하냐, 너 같은…" 걔는 공부도 좀 잘했고 그랬으니까. 어렸을 때도 네다섯 살 때 학교 학예회 발표 때, 유치원 학예회 때 글씨를 알아서 발표를 하고 앞에서 하고, 낭송을 하고 그랬거든요. 영어도 그때부터 벌써 하고. 초등학교 들어간 때는 애가 조금 똑똑하다 그래야 되나? 남들보다. 초등학교 들어가기 전부터 유치원 때부터도 똑똑했고, 같은 학년 애들보다 조금 낫고, 글씨도 남들 떼기 전에 벌써 읽고 자기가 발표하고. 중학교 때는 고등학교 갈 때 [예술] 그쪽으로 간다는 거야. 그래 가지고 저쪽에서 시험 보고 떨어진 것 같… 떨어졌죠, 다행히.

그래서 "너는 그쪽 가지 말고 차라리 인문계 쪽으로 가든가. 그냥 공부라는 건, 너가 지금 하다시피 아무 학교나 들어가서 네가 열심히 하면 뭐든 된다. 내가 아빠가 이야기하는 거는, 이 세상[에서] 공부가 제일 쉽다". 컸으니까 이렇게 하는 거지, 제가 학교 다닐 때는 지지리도 공부 안 했으면서. "컸으니까 하는 이야긴데, 너는 일보다 예술보다 공부해 갖고 먹고사는 게 더 편하다. 그리고 공부를 잘하면 갈 데도 많다. 페이스[초이스, 선택의 폭]가 넓어진다. 네가 지금 하는 거는 예술 쪽이기 때문에 폭이 좁다. 그리고 누구나…" 진로에 대해서 [하는 얘기죠]. "폭 좁은 것 가지고 골목길에 가서 어떻게 네가 뚫고 나가냐. 공부를 열심히 하면 큰 대로가 많다" 그래서 서로 옥신각신. 그러면 "아빠 생각은 그렇다". 그런데 이 녀석이 끝까지 그런 쪽으로 간다는 거야. 그래서 "그럼, 너 만약에 가서 예술, 너는 연극을 한다 했는데, 연극 탤런트 되고 배우 된다 그러는데, 그게 안 되면 어떡할 거냐?" 그러면, 자기가 안 되면 그때는 공부를 해서 피디[PD] 쪽이나 영상이나 음향을 또 하겠다는 거야. 그래 인제 옥신각신을 그랬지. 나는 또 구구절절이, "야, 그렇게 되면 늦지 않냐. 너 친구는 벌써 한 발짝 계단을 올라가고 있는데, 너는 다시 이거 아니라 해갖고 다른 계단을 올라가면 너는, 예를 들어 너 친구들은 세 계단, 네 계단 오를 때, 너는 첫 계단 오르면 쉽지 않다. 나이 먹으면 쉽지 않다". 근데 거기서 우리 예진이 같은 경우는 "걱정 마, 아빠. 내가 내 문제는 내가 알아서 할 게. 믿고 좀 해줘" 그러니까 "그래. 알았다 믿고 해주마. 그 대신 원망은 하지 마. 후회는 하지 마라" 그러니까 알았다고.

중학교부터 자기 문제에 바빠 갖고, 서울도 혼자 보러 댕기고, 무슨 가수들 나오면 쫓아 댕기고, 방송국을 3사 다 안 댕긴 데가 없으니까, 중학교 때부터(웃음). 혼자 새벽같이 나가고, 밤늦게. 애 엄마는 걱정이 되니까 전화하고 맨날 어디냐, 어디냐. 그러면 또 어쩔 때는 내가 주말 같은 경우에는 집에 있으니까 새벽에 태워주고. 친구들하고 같이 간다 해가지고 태워주고, 밤늦게 데리러 가고, 그런 것도 있고. 중학교 때부터 애가 쫌 바빠지니까 거의 시간이 각각 되는 거지. [식구] 네 명이 놀다가 세 명이 되고, 그러다 보니까 점점… 고등학교 때는 거의 예진이가 알아서 학교 무슨 날이건, 뭐 하든 행사를 하건, 자기가 용돈만 달라 하는 거야. 그럼 "[용돈을] 왜 줘?" 우리는 용돈을 정확히 애 엄마는 [정기적으로] 주고, 나는 용돈을 달라 하면 주는데, 애들 용돈 날짜가 있어요. 월요일마다 얼마 주는 거야, 딱. 그래서 지 범위에서 하는 거야. 모자라면, 또 고등학교 때는 당연히 모자라지. 먹기도 해야 되지, 쓸 것도 많지, 할 것도 많지. 엄마한테 맨날 전화해 가지고, 다음 날 달라 그래서 엄마가 또 입금시켜 주고… 그랬던 예진이지. 예진이 자기 혼자든지 스스로 다….

6
예진이와 남동생과의 관계

면담자　　　동생도 있다고 들었어요. 남동생이죠? 관계가 어땠나요? 잘 지냈나요?

예진 아빠　　예진이가 거의 보다시피, 잘 봐주다시피 했죠. 〈비공개〉 우리는 부모가 애들을 가르친다는 게 쉽지 않잖아요. 공부를 가르친다는 게 쉽지 않고 애들도 잘 안 따라오고. 예진이 같은 경우는 지가 다 알아서 했으니까 코치만 해주면 지가 하고, 큰 거만 이야기하면, 우리가 안 되는 거만 예진이한테 알려주려고 그러고. 그러면 자기는 했으니까. ○○이 같은 경우는 안 되면 우리가 "예진아, ○○이 숙제 좀 봐줘. 수학, 얘가 지금 버벅대 가지고 못해" 그러면 한 5분, 10분 앉으면 쑥덕쑥덕하더니 둘이서, 우리 예진이 같은 경우는 "야, 이거 풀고 이거 풀고 이거 먼저 풀고 이거 풀고 이거 풀어 가지고, 답 갖고 와". 〈비공개〉

면담자　　　그래도 사이가 좋았네요.

예진 아빠　　그렇죠. 사이는 좋았어요. 그리고 ○○이 같은 경우는 예진이 말이라면 잘 따랐어요. 학교도 예진이가 학교 초등학교 다닐 때는, 지금도 그 집에서 조금 이사를 내려왔는데 전에 내려온 지 3년이 좀 넘었는데, 그 전에도 꼭 초등학교 갈 때는, 그때는 예진이랑 ○○이가 두 살 차이 나니까 손잡고 꼭 학교를 가고 그래.

교실에 가면 남자애들은 조금 늦잖아요, 여자애들보다요. 교실에 가서 예진이 같은 경우는 5, 6학년 되면은 학교에 대해 다 알고. 예진이는 4학년, 5학년 될 때부터 자기가 다 알고 혼자서 다 했으니까, 그때 당시에도. ○○이 같은 경우는 남동생이니까 〈비공개〉 남자애들은 좀 그렇잖아요. 마구잡이로 공부도 할라면 하고, 놀기도 하고, 준비물도 안 챙겨오고, 안 갖고 가고 그러면 학교에서 좀 그러지. 그러면 예진이가 들여다보고, 집에 빨리 갔다 온다든가, 전화한다든가 그러면 챙겨주고. 올 때도 챙겨서 데리고 오고.

한번은 중학교 때, □□중학교 때, 중학교를 같이 나왔어요. 예진이하고 ○○이하고 □□중학교를 나왔는데 중학교 때, ○○이가 1학년 때인데, 예진이가 3학년 때지. ○○이가 친구들한테 한 5만 원인가 만 원인가 얼마 빌려줬나 뺏겼나, 애들끼리 그런 게 있었나 봐요. 그런데 예진이가 다른 애들한테 안 가고 ○○이 담임선생님 찾아가 가지고, "내 동생이 이러이러해 가지고 애들한테 빌려줬다 그러는데 이거 말이 안 된다. 빌려주면 돈을 갚아야지 왜 돈을 안 주냐" 그래 갖고, 학교 교실에서 한 번 [그러니까] 선생님이 "모르는 사실이다" 예진이가 이야기해 갖고 그랬는데, ○○이 담임선생님도 "빌린 애들 빨리 갖다줘라" 그래 갖고 안 갖고 오니까, 예진이가 또 교무실 쫓아가 갖고, 그래서 쫓아가고. 1학년 애들, 자기 예진이 3학년이니까 친구를 데리고 1학년 교실에, ○○이 교실 들어가 갖고, "야, 너네들! 얘 빌려준 거 빨리 줘" 이런 식으로 하니까, 애들 집에서 봉투에다가 엄마들이 갖고 왔겠죠, 그 엄마들이 보냈겠지?

○○이 친구들 빌린 애들 엄마들이 봉투에 받았다고 그러더라고요. 그런 식으로 리더십도 강하고, 리더가 있고 그런 애였죠. 리더도 강하고, 할라 그러면 자기가 다 하고.

그래서 그때 그 고등학교 갈 때도 "[미디어 쪽으로] 그러면 해라" 그래서 보내준 거고. 그런데 학교를 정보화[고등학교] 거기를 떨어져 갖고, 떨어져서 간 게 단원고를 갔는데. 속으로는 난 그랬지, '거기보다는 그래도 단원고 가서 공부해라'. 이 녀석 단원고 가니까, "단원고를 왜 갔냐?" 하니까 "친구들이 많아서 갔다. 그리고 단원고가 강서고보다 공부를 적게 하니까 나의 길을 갈 수 있다" 또 그러는 거예요. 그래서 나 같은 경우는 "야, 잘됐다. 차라리 거기보다 너 차라리 단원고에서 공부나 해라. 공부해 갖고 차라리 넌 좋은 대학만 가도 먹고 산다, 응? 폭이 넓고 다 한다" 그랬는데, 처음에는 "강서고를 1지망 넣어라. 그리고 가까운 데는 단원고 이렇게 넣어라" 그러니까, 이 녀석이 단원고를 1지망 넣고 다음에 강서고를 넣은 거야. 그래 갖고 단원고가 됐다 보니까 이 꼬라지가 났고(웃음).

7
예진이를 키우면서의 교육 철학

면담자   그러면은 예진이를 양육하면서 특별히 중요하게 생각하셨던 게 있으세요? 이것만은 꼭 내가 지키면서 키웠으면 좋겠다.

예진 아빠 우리는 항상 예진이나 ○○이 키울 때, "사람이 인간이 먼저 돼라", 교육 이념보다도 예의, 예의를 중요시하면서 "항상 사람이 기본이 되고 예의가 발라야 된다"[고 했어요]. 키우면서 내가 ○○이한테도 그렇고 예진이한테도 하는 이야기가, "공부 좀 못해도 된다. 사람이 예의가 바르고, 기본이 되고, 마음이 착한 마음이 있어야 된다". 우리 애들한테 자꾸 저기 교육을 시킬 때도, 항상 [어디] 들어갈 때 우리는 그래, 인사를 정말 가르쳐. 집에서 항상 들어가고 나올 때 "인사 무조건 해라", 그러면[그리고] "문 여닫고 할 때는 천천히 해라", 집에서 그렇게 가르쳐요. 그리고 예진이한테도 학교 댕길 때에도 "공부는 못해도 선생님한테 인사는 먼저 해라", ○○이한테도 그러지 "야, 인사가 기본이다. 공부 못해도 인마, 인사는 해야 한다". 예진이한테도 항상 그랬어요, "예의 바르게 해라". 그래 예진이는 집에서 욕 같은 건 별로 안 하고. 몰라, 밖에서 내가 생활하는 걸 못 봤으니까, 친구들하고 있을 때는 못 봤는데, 길 가다가도 친구들도 가면은 나를 보면은 애 엄마하고 같이 가다 보면, "야, 우리 부모님이야, 인사해" 그러면 애들이 "안녕하세요" [하고 인사해요]. 우리가 그랬거든요, "너네들 친구, 질 나쁜 친구들, 인사 안 하고 껄렁거리는 친구들 있으면 절대로 너네 못 만나게 할 거야, 예진이 못 만나게 할 거야" 그러니까 보면 예진이가 그러는 거야, "야, 우리 엄마 아빠야. 빨리 인사해" 그러면 애들이 "안녕하세요!" 그리고 그런 식으로 예의 먼저 가르치고, 기본이 항상….

8
수학여행을 떠나기까지

면담자　　수학여행 출발 전에 관련해서 미리 들으신 바가 있으셨어요? 제가 듣기로는 투표도 했다고 하던데요.

예진 아빠　　수학여행 관련해서, 저희는 수학여행 가는 것에 대해서 날짜만 알았고요, 전날 배로 갔다가 비행기를 타고 온다고 그러더라고요. 예진이가 좀 짜증을 내더라고. 배를 타고 저녁에 가갖고 아침에 오는데 뱃멀미하게 뭔 배를 타냐고. 비행기 타고 갔으면[하는], 비행기 좋다고 투덜대는 소리가[를], 엄마하고 내가 들었어요. 그러니까 "그러냐?" 내가 그때 그랬지요. 그래도 "야, 그러면 배에서는 불꽃놀이하고 괜찮아. 타봐야 돼" 그랬거든요? 그런 이야기를 한 것도 후회스럽고… 그런데 예진이는 싫어했어요, 배 타고 가는 걸. 우리는 학교에서 설문조사 한 거를 몰랐어요. 예진이가 그렇게 일[참사] 당하고 책상에 있던 걸 보고, 가방에 있던 걸 보고 '아, 얘네가 학교에서 [투표를] 그렇게 했구나' 그래서 [알았죠]. 지금이야 대충 들은 이야긴데, 학교에서 학부모 이런 위원회들이 해갖고 애들 투표를 해갖고 그러더라고요. 예진이는 조금 싫어했어요, 배 타고 가는 것에 대해서. 배 타고 가니까 하루 전에 가야 되고 또. 남들은 아침에 갔다가, 비행기 타고 갔다가 그다음에 놀다가 비행기 타고 오면 되는데, 하루 전에 저녁에 내려가야 되고. 예진이가 뱃멀미한다고 멀미약을 사갖고 왔더라고. "멀미할 것 같은

데", 배 타고 간다고 중얼대고 있고.

그리고 우리는 아는 게, 예진이 수학여행 날짜밖에 몰랐어요, [그것밖에] 모르고. 자기가 준비를 하더라고. 배 타고 가면서, 수학여행 가면서 자기네가 연극할 게 있다고, 또 뭘 [준비하더라고요]. 그리고, 예진이가 손재주가 좋아 가지고 애가 그림을 좋아하고 만들기를 잘해요, 또. 글씨 쓰는 거 있죠? 색깔로 글씨 쓰고 코팅하고 그러더라고. 그래서 "뭐 했어?" 그러니까는 "우리 할 게 있어" 그러는 거야. 예진이 같은 경우는 활발하니까 춤 같은 걸, 지가 춘다고 춤 연습하고 노래 연습하고 그러더라고. 그래 갖고 "그러냐?" 자기들끼리 놀러 간다는데 더 이상… [물어보지 않고] 그랬죠.

면담자 　　　　당일 날도 만나셨나요?

예진 아빠 　　　아침에? 그러니까 15일 날 아침에 갈 때가, 걔가 7시 반쯤 집에[서] 나갔어요. 집에서 나갈 때 이 녀석이, 내가 그 전날 주머니에 10만 원인가 9만 원밖에 없어 가지고 7만 원을 줬어. 내가 밥 먹을 돈 빼고 7만 원 주고, 7만 원 꺼내 주면서 "야, 더 줄까?" 그러니까 "됐어요" 그러는 거야, 애가. 그래 갖고 "야, 더 가져가려면 더 가져가" 그러니까 "됐어" 돈 엄마한테 받았대. 또 용돈을 받았다고 그러더라고. 받고 "모자라면 또 엄마가 넣어 준다고 그랬어요" 그러더라고. 그래 갖고 "잘 갔다 와" 그랬죠. 그게 지금도 안쓰러운 게, '다 줄걸' 내가 1, 2만 원 때문에 왜 그랬나 그런 생각도 들고…(잠시 침묵) 아침에도 15일 날 아침에도 참 웃으면서 "다녀오겠습니다" 했는데, 그 이후로……(침묵).

9
정치와 투표에 대한 관심

면담자　　　아까 노조도 하셨다고 하고, 정치적으로 비판적으로
많이 보셨잖아요.

예진 아빠　　　비판이 아니고, 정의[불의]를 보고 못 참는 거죠. 잘
못된 거는 꼭 꼬집어내고, 이야기를, 확답을 내야 하니까. 그런 성
격이었습니다. 지금도 하다 보면 육하원칙을 잘 따진다, 회사 뭔
일할 때 '왜'가 문제인데, 원인이 뭐야, 그러면 원인을 개선을 하려
고 애쓰고, 안 되는 것에 대해서는 항상 그렇게 살았고, 잘못된 것
은 잘못됐다고 이야기를 해야 되고 지적을 해야 되고, 잘한 건 이
야기를 해야 하고, 잘못된 것에 대해서는 원인을 밝혀서 다음부터
그런 일이 없도록, 제가 항상 그래요. 그냥 왜 사람들이 왜 잘못됐
는데, 뭐가 잘못됐는데 그 진짜로 못 고치는 거는 할 수 없는데, 시
작은 시작이고 바꿀 수 있으면 바꿔야 하는데, 잘못된 관행을 그냥
따라가면 안 된다는 거죠. 그런 생각이 자꾸 드는데 지금 이런 일
을 겪으니까 더 열이 받는 것이, 지금은 더 미치는 거죠. 지금 심정
같으면 진짜 뛰어들고 싶은, 폭발시키고 싶은 심정이다, 진짜.
　　우리 세월호 사건이 다 잘못된 것 아니에요? 진짜적으로 사고

는 아니잖아요, 이게 사건이죠, 사건이고 조작된 거죠. 아무리 제가 배를 모르고, 배를 아는 전문가들은 더 잘 알겠지마는, 그래 큰 배가 넘어질 일도 없고… 벌써 아무리 증축을 하고 고박을 안 했다 해도, 하루 이틀 다닌 배가 아닌데 왜 그날 잔잔한 파도에서 넘어지냐, 넘어진 다음에도 왜 구할 수 있는데 구하지 않고 뺐냐는 거죠. 지금도 그것만 생각하면 잠이 안 오죠, 누워서 미치죠. 나같이 멍청하고, 배에 대해 아무것도 모르고, 바다를 모르는 사람들이 증언하는데, 진짜로 아는 사람들이 왜 말 한마디 안 하고 있냐, 진짜로 알고 있으면서 왜 안 밝혀주냐. 그건 물론 우리의 BH[청와대] 때문에 그런 거고, 진짜 다 미치는 거고…. 항상 살면서 내 자신이 나약하고 작구나, 그런 생각만 듭니다…. 그래 자꾸 우리 예진이한테 자꾸 미안한 마음만 들고….

면담자　　　　평소에 투표 이런 건 꼭 하시는 편이었나요?

예진 아빠　　　했죠. 당연히 했죠. 우리는 투표할 때도 집사람하고 같이 할 때도 꼭 투표하고 놀러 가고, 투표를 할 때도 오는[나오는] 사람들 다 읽어보고. 옛날 같은 경우에는 나는 정치에 대해서 잘 모르지만, 그래도 그런 쪽에서 좀 알다시피 하니깐 항상 약력을 읽어봐요. 항상 약력을 읽어보고 동네에서 어떤 일을 했는가, 과연. 어떨 때는 '이 사람은 얼굴은 많이 봤는데 읽어보니까 별로다' 그러면, 주위에라든지 선거할 때도 비슷하게도 하다시피 하고 그런 편이죠. 이것도 도저히 '이 사람 도저히 안 된다' 그런데 사람들

[은] 모르죠. 그 사람에 대해 모르니까, "야, 무슨 소리냐. 그 사람이 이거 다 했는데 무슨 소리냐" 그러면, "아니다. 이거 봐라" 그런 식으로 따지고. 투표는 항상 하고요. 항상 저는 어떻게 보면 약자 편에 자꾸 서다 보니까 그런 거 같애요.

정치도 지금도 단지 민주당을, 새정치[민주연합]를 좋아할 이유가 없는데도, 민주당 그쪽으로 자꾸 서게 되고. 옛날에는 그랬잖아요. (오른편을 가리키며) 이쪽에 국민의당이 힘이 있고, (왼편을 가리키며) 이쪽에 새누리당 같은 경우는 이쪽 정부니까 어쩔 수 없이 싸운다는 걸 알고 있고, 그래 갖고 항상 약자 편을 서다가 그런 쪽으로 끌려갔고 그랬어요. 지금 더 깨달은 건 '그놈이 그놈이다, 더러운 세상이구나. 다 똑같은 놈이구나'. 이 일을 겪고 나니까 더 정부가 싫고, 정치도 싫고, 다 싫은 거죠. 사람도 싫고, 모든 사람이 지금 다 싫고, 다른 뉴스들도 다 싫고.

10
정부, 정치, 세상이 싫어진 이유

면담자   왜 싫으세요?

예진 아빠   이렇게 나라가 개판인데 진짜…. 옛날 같으면 내가 뭔가 있다면은… 처음에는 우리 지금, 작년 같은 경우도 우리를 도와주는 사람도 많았었는데, 그 사람들도 다 우리를 거짓말이라고 믿고… 믿지를 않았죠, 사실은. 그렇게 됐으니까, 내가 믿었던 나라에서 다 있던 애가 죽었으니까. 죽인 거지, 이거는. 믿을 필요 없고, 국가도 믿을 필요 없고, 정치도 믿을 필요 없고. 국민도, 도와준다고 한 사람도, 지금 우리를 진도에서부터 다 프락치를, 프락치라고 사법 경찰들[이] 날 감시하는 걸 봤으니까 자꾸 의심만 생기는 거고, '과연 나한테 이 사람들이 왜 다가올까? 다가올 이유가 없는데' 그런 생각이 들 때도 있고…. 복수랄까? 복수? 복수를 해야 되는데 못 하니까 자꾸 남을 의심하게 되는 거죠. 그럴 필요가 없는데 '믿지 말자. 우리 애가 나라를 너무 믿다가 죽었는데, 내가 뭘 또 지금 또 끼워 붙여서 [나라를] 믿고 있나' 그런 심정이에요….

2회차

2015년 12월 24일

시작 인사말

면담자   본 구술 증언은 4·16 사건에 대한 참여자들의 경험과 기억을 기록으로 남김으로써 이후 진상 규명 및 역사 기술에 기여하고자 합니다. 지금부터 정종만 씨의 증언을 시작하겠습니다. 오늘은 2015년 12월 24일이며, 장소는 안산시 기억저장소 사무실입니다. 면담자와 촬영자는 박여리입니다.

수학여행 당일과 사건 소식을 접했을 때

면담자   지난번 구술에서 참사 이전의 삶에 대해서 이야기해 주셨는데, 오늘은 수학여행 전날부터 해서, 그날 당일하고 사건 당일까지, 그리고 예진이가 돌아오기까지를 이야기해 주시면 될 것 같아요. 우선, 4월 15일 수학여행 떠난 당일 상황에 대해 기억나는 것을 말씀해 주세요.

예진 아빠   우리 예진이는 4월 15일 날 아침에 보고 여태 못 본 거니까. 4월 15일 날 수학여행 갈 때 가방을 챙기고 갈 때 "다녀오겠습니다" 하고 갔는데, 내가 용돈을 7만 원인가 줬는데 됐다고 그러면서, 올 때 선물도 사오느니 그러느니 감귤 초콜릿을 사오느니 그래 갖고 장난말로 "야, 그런 거 사 오지 말고 너 써. 아니면 ○○

이 거나 사와" 그랬는데…. "돈이 더 필요하지 않냐?" 그러니까 엄마가 또 주기로 했다 그리고 더 받은 게 있다 그러더라고요. 더 준다 그러니까 됐다고 그러는데, 4월 15일 날 아침에 7시 반인가 7시 반에 학교 나갈 때 보고, 그때부터 못 보고….

그리고 4월 16일 날, 아, 15일 날 저녁에 예진이 엄마한테 문자가 왔어요. 저기 "인천 배가 안개 때문에 못 가고 있다. 짜증 난다. 다시 집에 가고 싶다" 그런 문자가 와갖고. 예진이는 그 배 타고 가는 걸 좀 싫어해 갖고, 다들. 예진이 문자 보니까, 예진이 엄마한테 문자 들어온 걸 보니까 "애들도 거의 다 다시 돌아가고 싶은 마음이다", 아니 2시간씩 기다렸으니까, 안개 때문에. 그리고 저녁도 거의 안 먹은, 6시부터 안 먹은 것 같더라고요. 배 타고서 먹은 것 같은데 다시 돌아갔으면 한다고, "다시 집에 올지도 몰라" 그런 문자가 있더라고요. 그래 갖고 우리는 '잘됐다', 그날 안개가 많이 꼈잖아요, 15일 날요. "그러면 잘됐다. 와라. 어차피 이런 안개 낀데 가면 뭐 하냐" 그랬는데, 9시쯤 거의 다 돼갖고 출항한다고 또 문자가 또 왔더라고요. "엄마 배 출항한대" 그러니까, 그럼 어떡하나. 그나마 우리는 그때도 배니까, 차 같으면 안개 끼고 그러면 사고 나는데, 배니까 항로가 있고, 설마 배가 뱃길이 있는데 다 컴퓨터로 배가 가지, 조정해서, 똑딱배도 아니고. 그래도 안개가 껴서 간다니까 걱정을 많이 했어요, 그날 15일 날 출발할 때도.

"아니, 안개가 이렇게 꼈는데 무슨 [수로] 가냐?" 그러면서 "야, 가면 바닷간데, 벌써 안개 더 낄 텐데, 지금 여기 우리가 안산에서

46

예진 아빠 정종만

볼 때도 뿌옇고 앞에 안 보이는데, 바로 위에 1미터를 안산에서 안 보이는데, 인천이나 바닷가는 가면 갈수록 새벽되면 또 안개 더 낄 텐데, 왜 가야 되냐?" 집에서 예진 엄마하고 둘이 그런 이야기를 했거든요? "이거 너무한 거 아니냐, 저기도 지금 안산도 바닷가 근처지만은 1미터가 안 보이고 그러는데, 어? 거기는 바닷가고 해변이고 또 새벽에 더 많이 낄 텐데, 안개가 기온차 때문에". 그런 이야기를 하면서, 또 한편으로 밴데 "항로가 있고, 선장들이 하루 이틀 일한 것도 아니고. 전문가들이니까 알아서 가겠지" 그런 농담을 했는데, 16일 날 아침에, 저는 16일 날 아침에 라디오, MBC 라디오 속보를 들었어요, 9시 5분인가 10분정도 돼갖고.

그런데 처음에는 그걸 못, 저기 안 믿었어요. 속보가 나왔는데, 그때 '양희은 강석우의 MBC[여성시대]'를 듣고 있었는데, 속보 "진도 앞바다에 여객선 침몰 중" 그런 속보가 나왔기에 안 믿었어요, 그게 뭔 이야긴지도 모르고. 여객선 침몰을 [이야기]하는데도 그냥 일반 배, 낚싯배, 그런 배인 줄 알았어요. '뭐지?' 그냥 처음에 그냥 흘려듣다가 한 10분 지나 속보가 또 나오는 거예요. '어, 이상하다?' 그리고 벌써 그 시간에는 우리 애들이 저기 제주도 갈 시간이었고, 배가 2시간 늦었으니까. (떨리는 목소리로) 배가 빨리 가면 그때 6시 떨어진다고[도착한다고] 했으니까, 8시, 9시 되면 거의 다 갔지. 제주도 근처 가지 않았었나, '9시쯤 되면. 9시 한 20분, 40분이면 그래도 진도는 아니겠지' 그런 상상을 하면서 라디오를 듣고 있는데, 9시 반쯤 되니까 예진 엄마한테 전화가 온 거예요, 저한테. "큰일 났다" 그리고 라디오를 또 듣다 보니까 그게 맞는 거예요. 맞는 거예요. "수학여행 타고 온 배가 침몰 중이다" 그래 갖고, 아이고 큰일 났다. 그리고 지금 예진 엄마하고 통화를 하고 예진이한테 통화하니까, 예진이가 계속 통화 중인 거예요, 통화 중이 걸리고. 그래서 예진이하고는 말 한 게 15일 날 아침이 다고… 그리고 계속 라디오를 들었죠, 계속.

3
사건 당일 날 상황

면담자   그 '여성시대'에서 예진이한테 통화를 했었다고요.

예진 아빠   예. 제가 전화번호를 알려줬는데, 내가 그 이야기를 하면, 내가 진짜 예진이한테 못할 짓을 했구나… 그 당시에 예진이하고 한 번 더 통화를 해야지 왜 라디오에 제보를 해갖고 내가 그 시간을 뺏어 먹지 않았나… 한 번 더 통화해 갖고 "빨리 나와라, 상황이 어떠냐?" 예진이하고 통화를 했어야 했는데. 나는 진짜 그리 큰 배가 넘어질지 몰랐고 침몰했는데도 큰 배니까, 6000톤 되고 그러면 배가 가라앉는 시간이 있으니까, 배가 가라앉는데도. 우리나라가 항상 그렇게 생각했잖아요, 우리나라는 대형사고 나도 구조가 되고 불이 나면 119가 와서 하고. 구조도 될 줄 알았고, 당연히 배가, 벌써 속보까지 뜰 정도면. 저는 사실 걱정이 된 게 배가 침몰

한다 그러니까 뛰어내려서, 애들이 배에서 뛰어내려 갖고 저체온 증이나 애들이 수영을 못해서 그게 더 걱정됐어요, 사실. 바깥은 따뜻하지만 물속은 춥다, 그리고 1시간, 2시간 배가 올 정도로 기다려야 되니까, 물 위에서.

그렇게 생각하고 '야, 안 되는데. 침몰하면 안 되는데' 그리고 자꾸 라디오만 듣고 있었는데, 지금 생각하면 다 거짓말이었죠, 라디오도, 언론사[도] 다 거짓말이었고. "어떤 배가 무슨 함정이 지금 가고 있다, 평택에서 출발했다. 그럼 2시간 반 걸린다, 3시간 걸린다. 어떤 배는 코앞까지 와 있다" 그런 뉴스만 계속 듣고 있었어요. 그걸 지금 보면 다 거짓말이고 속았는 건데, 그 당시에는 그 말만 믿고. 그래 갖고 오보를 또 했잖아요, 전원 구조. 그때는 사실 차에서 내가 만세를 불렀어요, '와! 진짜, 그래 전원 구조. 맞다'. 그런데 알고 보니까, 점점 오후 3, 4시 되니까 발표가 거꾸로 되면서 몇 명 뭐, 처음에 차웅이 같은 경우에 먼저 뉴스 뜨고, 오천이도 뉴스 뜨고 그러면서… 그리고 나머지는 실종, 구조가 안 됐다 그러고, 나머지는. 그때도 오후 6시까지도 다 거짓말이었죠. "애들이 1차적으로 배를 타고 팽목으로 나왔다, 2차는 또 따로 오는 중이다, 오는 애들이 칠십 몇 명 오십 몇 명이 된다" 그런 것도 거짓말인데, 그때 당시에는 믿었죠. 1차 싣고 오고, 2차 싣고 오고 그런다고.

그 16일 날 아침에 나는 그래 갖고 예진이 엄마가 "어떡하나?" 그러니까, 일단 우리가 예진이하고 통화도 안 되고 일단 아무것도 안 되니까, "일단 학교부터 가라, 학교가 데리고 인솔해 갔으니까 단원고를 먼저 가라" 그래 갖고. 저는 그때 천안을 내려가고 있었어요. 중간에, 그 평택, 천안을 못 가서 평택 좀 지나니까 뉴스 속보를 듣고 그랬는데, 다시 올라올 수 없는 입장인데 내려갔다가 빨리 와야 되는데 그때부터 일이 안 되는 거라. 차 운전도 갈 지[之]자가 되고 전화도 안 되고 하니까. 전화는 또 통화 중 걸리고, 예진 엄마도 전화하고 서로 전화를 하고 예진이랑 서로 셋이, 서로 전화를 하는 거예요, 우리 셋 다. 혼선이 다 통화를 끊고 나면 메시지 뜨잖아요. 또 하면 이게 통화 중, 통화 중(한숨). 그러니까 미치겠더라고요, 그때 아주 그냥. 통화도 한 개 안 되고 라디오만 듣고 있었는데, 라디오가 다 거짓 정보만 주고. 저는 오전까지 전원 구조라할 때 예진이 엄마는 "가 봐야겠다"고, "그럼 가 봐라"고. 그날 예진이 엄마한테는 그랬어요. "야, 애들이 다 구조돼 갖고 그러는데 어차피 올라와도 버스가 10개 반이 갔으면 버스가 7, 8개, 10개 가야지 애들 다 올라오지" 저는 다 구조가 된 줄 알았어요, 사실요. 잘못돼도 한두 명 떨어져 갖고 어떻게 잘못, 어디가 다치거나 그럴줄 알았는데, 전원 구조라 했으니까 또.

저는 믿은 게 그런 큰 배가 넘어질 때 침몰한다고 속보 떴으면 벌써 누가 가도 119랑 쾌속정 같은 게, 경찰 해양 쾌속정 같은 게 가도 충분히 갈 수 있는 시간이었고, 구조를 할 수 있는 시간이 [되고] 구조를 해야 맞는 거고. 배가 침몰한다는데 구조를 안 하는 건 나라가 잘못된 거고, 어느 해양이나 119나 [구조를 못 하는] 그건 말이 안 되는 거고. 그래 갖고 그랬어요. "야, 애들 어차피 다 구조됐으니까 버스[로] 어차피 다 같이 올라와야 되니까, 그 많은 인원이 어떻게 다 올라오냐. 버스가 갈 텐데" 그러니까 예진이 엄마는 못 믿으니까, 학교에 벌써 있었으니까, 상황이 이러니까 나한테 이러는 거야, "예진이 아빠 상황이 심각하다, 여기 오니까. 큰일 났다" 그러는 거예요. 예진 엄마도 사실 카드 하나만 들고 갔고, 갈 때는 옷이 다 젖었으니까 옷 사준다고… 그리고 내려가니까 점점 예진이 엄마가 내려가고[가면서] 통화를 계속했어요.

16일 날부터 계속 통화를 하니까, 가는 게 우리 같으면 긴급 상황이고 사고 났는데 버스가 아무리 늦어도, [제가] 통화하니까 지금 서산휴게소고 좀 이따가 [통화]하니까 대천휴게소라 그러는 거예요. 저도 운전하고 킬로 수[거리를] 알고 시간을 아니까 "야, 벌써 아침에 9시, 10시, 10시 반에 출발한 차가 거기밖에 못 갔냐?" 미치는 거죠, 나도. 예진 엄마도 미친대요. 버스 왜 못 가냐 하니까 뒤따라오는 차하고 같이 가야 된다, 또 길, 뒤에 차가 길을 몰라갖고 그런다, 앞에 경찰이 또 길 알려준다, 그러고. 우리 상식적으로 생각할 때, 아니, 버스 내비[내비게이션]도 없냐? 그리고 버스 운전기사들이 운전기사인데, 버스들이, 고속도로만 따라가면 이정표가 있는데 왜 못 가냐. 시골길 같으면 들어가서 좀 헤맨다고 하지만은 진도를 가는데, 왜 그 뒤따라가고 같이 가야 되고, 길을 모른다는 게 말이 되냐. 열통 나죠. 애 엄마도 난리 난 거지 그러니까.

팽목에 도착해서 전화가 또 왔었어요. "예진 아빠 큰일 났어. 애들 한 명도 없어" 그러는 거예요. (울음 섞인 목소리로) "무슨 상황

이야?" 그러니까 그때부터 예진 엄마는 "큰일 났다. 이거 다 거짓말이다" 그러더라고요. 그래 갖고 내가, 처음에는 예진 엄마가 내려오지 말라 하더라고요, 어차피 애 구조됐으니까 데리고 온다고. 그래 갖고 저녁 5시, 6시에 제가 단원고를 왔어요. 오니까, 와서 보니까 개판된 거죠. 명단도 한 개도 없고 살아 있는 애들 이름도 뒤죽박죽되어 있고, 여기 오니까 행정실장이 있더라고. 난리 났죠. 기자들도 오고 난리 났는데, 이름 확인해 달라 그러니까 처음에는 있다 그러더라고요, 정여진인가 뭔가 있다 하더라고요. "우리 여진이 아니고 예진이다, 다시 봐달라" 그러니까 없다고 그러는 거예요. 여기부터 내가 난리 쳐갖고 도저히 안 되겠더라고요.

그래서 17일 아침에 ○○이를 데리고, ○○이 학교에 전화했죠, 상황이 이래 됐으니까 갔다 와야 되겠다고. 그러니까 여기 와서 8시 걸 탔나? 버스를 9시 걸 탔나? 지금도 생각이 나는데, 하여간 8시 건가 보다. 빨리 갔는데, 그걸 타고 가는데도 진도까지 가는데, 오후 5시 반, 4시 반, 5시에 도착했어요. 그러니 저도 가면서 답답한 거죠, 버스 타고 가면서도 '야, 이거 씨 무슨 버스가 이렇게 다니냐' 미치는 거죠. 가서 보니까 그때는 현실을 보니 완전 돌아 버리죠. 진도체육관은 아수라장이 돼 있고. 참, 이불, 담요 같은 것만 있고 사람들이, 저는 사람들이 이렇게 많은 걸 그때 처음 봤습니다. 체육관을 들어가니까 뭔 사람들이 그렇게 많은지…(한숨). 어쨌든 그래 갖고 그때부터 시원찮아 갖고. 그날 17일 날 가니까 박근혜가 온다고 길가에서 난리가 났더라고요. 전부 다 경찰들이 서

있고 난리가 있더라고요. 그래 한두 시간 지나니까 박근혜가 나와
서 브리핑을 하더라고(한숨).

4
박근혜의 브리핑과 해경의 대응

면담자 　　박근혜 대통령이 뭐라고 그러던가요?

예진 아빠 　　잠수사들, 잠수사들 어쩌고저쩌고. 보고만 받은 거
죠, 개네한테. 그때 당시 내가 찍어놓은 게 있는데 (핸드폰 동영상
찾아서 보여줌) 28분가량을 찍어놨는데, (음성 재생 시작) 얘가 김석
균[해경청장]이죠. 이 당시에 진도체육관에 가니까, 모니터도 한 개
도 없고 CCTV도 한 개도 없고 상황판도 한 개도 없었어요. 지금
뭐 구조 사항도 없고 어떤, 알려주는 사람도 없고. 이 당시에 지금
대통령이 버벅대는 것 같죠? 하루가 지났는데도 이렇게 보고를 제
대로 못 받고 할 얘기도 못 하는 게 대통령이고… 이게 17일 건데,
17일 날인데도 이렇게 우왕좌왕하고, 현황판도 없고, 보고도 제대
로 못 하고, 어떻게 상황도 모르는 게 우리나라고. 저는 그다음에
18일에 팽목을 갔어요. 팽목 가고, 아침에 여기 체육관에서 자고
18일부터 팽목에 있었어요. 계속 왔다 갔다 하면서 저녁에 들어왔
다가 새벽에 또 나가고. 처음에 올 때, 배에서 올라온 애들도 여자
아이[라고 하면] 올라올 때 내가 확인했어요, 진짜 우리 예진인가 하

고 확인하려고. 첫날 18일부터는 한 다섯 명까지, 다섯 구, 여섯 구 보고 새벽에 들어오고. 오면 맥이 빠지죠. 벌써 18, 19일 되니까, 내가 17일 날 내려갔으니까. 18일 날 저녁에 잠수사를 만났어요. 민간 잠수사를 거기서.

면담자   개인적으로 만나셨나요?

예진 아빠   아니, 김수현[서해지방해경청장]이 있고, 우리 아빠들 모여갖고 천막 있는 상황실 거기서 만났는데, 민간 잠수사가 10시 인가 12시 넘으니까 이야기를 해주더라고요. "아침에 망치를 때려 볼 때 [생존자가] 있었다. 소리를 들었다" 그런데 옆에 김수현이 그 사람이 입을 막더라고요. "무슨 근거로 이야기를 하냐" 하니까 그 사람이 "나는 민간 잠수사고, 나는 애가 없지만은 나는 봉사하는 사람이다. 나는 여기 어머님 아버님들한테 알려줄 의무가 있다" 그 러니까 그 사람이 이야기하는데 "망치를 때려보니까 소리는 들었 다. 대여섯 명 있다는, 쿵쿵 이렇게 때리는 그 울림을 들었다" 그런 데 마지막으로 또 하는 이야기는 "만약에 애들이 살았다고 [해도] 40미터를, 20미터를 데리고 올 때 이렇게, 죽는다" 그 이야기를 하 더라고요. 그래 갖고 욕을 했지마는 그 사람도 "욕을 해도 관계없 다. 그래도 사실대로 이야기해 준다" 그리고 우리 같은 경우는 "산 소마스크를 또 갖고 가서 되냐, 안 되냐?" 그러니까 "우리 같은 전 문 사람들도 혼자밖에 못 쓰고 가는데, 그 배, 물 안에서 애를 씌운 다는 건, 그것도 애가 교육을 받았거나 잠수사 같으면은 얼른 쓰고 물 먹어도 관계없는데, 애들이 잠수하는 것도 모르는데, 잠수하는 법도 모르는데, 설사 살았다 해도 해주는[산소마스크를 씌우는] 동시에, 올라오는 와중에 같이 올라오다가 죽게 된다", 그 이야기를 하더라고요. 그래 갖고 그 사람도, 잠수사도 "내가 욕을 먹을지언정 이 이야기는 해주고 싶다", 그 17일 날까지 자기가 확인하고 대여섯 명 있는 소리를 듣고 와서 해경이랑 이야기를 했대요, "생존자가 있다. 구조를 하자. 들어가야 된다". 그런데 해경이 막은 거예요, 못 들어가게. 잠수사 그 사람들도 "나도 이런 건 처음 봤다. 내가 들어가겠다는데 왜 막냐. 우리 잠수사들 서너 명이면, 들어가면, 조를 짜서 들어가면은 어떻게 됐든 간에 살아 있는 애는 데리고 와야 되는 거 아니냐. 어떻게 되든 간에, 올라오다가 어떻게 잘못되는 한이 있어도" 그런 이야기를 하더라고. 그러니까 우리는 고맙죠, 그렇게 이야기해 주면. 그런 이야기를 해갖고, 그 18일 날 그 이야기를 듣고 19일 때부터 가망이….

저는 에어포켓이 있다고 생각을 했어요. 있었습니다, 사실. 지금 언론에서 없느니 있느니 그러는데, 있었습니다. 그거 세영이 같은 경우는 핸드폰 같은 것도 있었잖아요, 살려달라고 울고. 그거는 내가 직접 [부모가] 아니니까 뭐라 이야기는 못하겠는데, 이날도 전화 통화한 내용이 나와요. 어떤 엄마가 자기 [전화기로 아이] 목소리, 애 전화 받아보라고. 대통령이 전화기를 가져갔어요, 확인해 준다고. 전화하면서, 여기 목소리 들어보라고, 살려달라고 우는데 전화가 지금 또 왔다고. 그 엄마가 누군지 모르겠는데, 여기 나오는 엄마가 누구인지 모르겠는데, 전화기, 전화 받아보라고 그러니까 대통령이 이렇게 받더만 확인해 보겠다고 보좌관을 주는 거야. 그리고 그다음 날 전화기를 돌려받았어요. 돌려받았는데 그런 사실이 없다고 딱 여기서 그러는 거야, 지금. 그래 우리는 그걸 볼 때, 17일 날 그걸 볼 때 환장하는 거죠. 전화가 오고 있는데, 살려달라고 그러고 여기 배 안에 있다고, 누구누구 있다고 이야기를 하는데도, 도와달라고 그러는데도, 대통령이 갖고 확인해 본다고 전화 갖고 갔는데, 걔 그 엄마가 전화가 왔어요. 배 속에서 [전화가] 와갖고 "와, 여기 있다!" 하는데, 전화 통화했다고 줬는데도 이런… 그럼 그 엄마는 더 미치죠. 살려달라고 그러는 애들한테 참… 얘기하다 보니까 이상한 방향으로 가는데….

면담자   아, 아니에요.

5
예진이를 만날 때까지의 상황, 수색 작업에 대한 의혹

예진 아빠   18일 날 왔다 갔다 하고, 19일 날 계속 저는 저녁에 왔다가 갔다가 그랬는데, 이 당시만 해도, 이 당시만 해도 19일, 20일 되니까… 참 말도 안 되는 소리죠. 이제 '애들이 수습이 안 되면 어떡하나, 미수습이 되면 어떡하나, 실종자가 되면 어떡하나' 그걸 또 사람인 게 그렇게 돼갖고 어느 날, 여기는 진짜 이상한 게, [애들이] 밤 되면, 새벽 되면 올라오고 낮에는 별로 안 줘요, 청문회에서 밝힐 이야기겠지만은. 그런 경우가 있어요. 사람들은 소리 지르고. 낮에는 거의 다 없어요, 올라오는 애들도 없어. 아침이나 밤이나. 새벽 되면 두세 명, 두세 명. 첫날 17일, 18일, 19일 두세 명, 다섯 명 이렇게 [올라와요]. 그것도 나는 의아했어요 '왜 그러지?', 나중에 물어보니까 "수색을 언제부터 할 거냐?" 김수현한테 우리가 팽목에 잡아놓고 [질문]하니까 "물때가 있어 못 들어갔다"[고 그러더라고요]. "그러면 왜 정부에 발표할 때는, 뉴스에 발표할 때는 계속 수색을 한다 그러냐?" 처음부터 조소기[소조기], 우리[는] 그때 알았어요, 물 조소기, 대소기[소조기, 대조기]. "왜 물때를 이야기 안 해줬냐?" "처음에 물때 있을 때만 들어간다고 이야기를 했으면 [됐는데] 왜 그런 이야기를 한마디를 안 하다가 왜 4일차, 5일차 되니까 왜 수색을 안 하냐?" 물어보니까, "물때, 뭐, 2시간, 2시간 간격 4시간 간격이 있다"고 [해요]. "왜 그날[이 되어서야] 이야기 하냐?" 그래[서] 또 김수현 잡고 한바탕하고 그랬어요. 그러니까 정부는….

하여간 제가 23일 날, 우리 예진이가 22일 날 올라왔죠. 22일 날 새벽에 저는 알았어요, 느낌이. 정확히 예진이인지는 모르고. 밤에 있었으니까, 팽목에 있었으니까, 22일 새벽쯤 되니까, 3반 애들 나오기 시작하는 걸 딱 보니까, 감이 '그래도 오늘 내에 [나오겠구나' 빠르면 22일, 23일부터. 21일부터 3반 애들 나오기 시작하고, 그 주기를 대충 아니까 1반, 2반 나오는 주기가 있더라고요. '22일이 지나고, 22일쯤 되고, 늦으면 23일, 24일이겠구나. 빠르면 22일' 그랬는데 22일 새벽에, 22일 날 아침에 브리핑을 하고 100번

째로 예진이가 올라왔는데, 또 올라오면서 더 이상한 거는 옆에 101번 애가 "정예진 학생 확실" 이렇게 해가지고 딱 나오는 거예요. 그래 갖고, 왜냐면 학생증이 있었다는 거야, 예진이 학생증이 있었는데 그게 101번이야. 그리고 확실하게 신원[확인]이 되면은 인상착의를 별로 안 [알려]줘요. 그 아무[것]도 없을 때는 인상착의를 "무슨 옷 입고 귀걸이를 하고 아니면 손에 했고, 팔찌가 있고" 그런 이야기를 듣는데, "101번 정예진 확실" 그래 갖고 별다른 그게[인상착의 묘사가] 없었어요. 그래 갖고 '아, 101번인가 보다' 그래 갖고 아침에부터 브리핑을 듣는 거예요. 90 몇 번부터 브리핑을 듣고 있는데, 100번째를 딱 들으니까 우리 예진이에요. 머리하고 옷 입은 것, 아디다스 입었고, 이빨 여기 씌운 거를 이야기하고. 그래, 예진이 엄마한테 "야, 우리 예진이 같다. 이거 아무리 봐도 예진이다, 이거는. 얘기 들어봐도" 그것 100번을 소개하는데 그런 식으로 하는 거예요. 이름 미상이니까, 이름 미상이고, 머리스타일. 그리고 브리핑 끝난 다음에 질문을 하려고 가니까는 "101번 정예진 확실" 그래서 이거 끝난 다음에, '아, 100번이 우리 애 같다, 다시 한번 보자' 딱 가니까 100번이야. 그래 101번이 누구냐면 다영이, 다영이가 101번이야. 그때는 보건, 저기 누구였는데 나와 있는 사람들이, 확인해 주는 사람들, 시체 확인해 주고 같이 한다는 (면담자 : 검안) 예, 검안하는 사람들한테 "이건 무슨 근거로 100번, 101번을 아니, 사람을, 무슨 저기 학생증은 무슨 근거로 해갖고, 얘가 목에 걸고 있더냐. 다영이가 목에 걸고 있었냐 손에 들고 있었냐, 애를 어떻게 그랬냐?" 그러니까 수습할 때 제일 가까운 학생중이 제일 가까운데 있어 갖고 애인 줄 알았다 이거야. "그러면 학생 사진이 있는데 왜 확인을 안 하고 갔냐?", "그거 나중에 바뀌면 어떡할 거냐?" 그런 개 같은 경우도 당했고(한숨).

6
누나의 사고 소식을 알고 난 동생의 반응

예진 아빠   저는 갔다가 24…, 19일, 그때가 월요일, 토요일 날, 일요일 날 한 번, 다시 한 번 올라갔다가 또 월요일 날 내려갔어요, 왜냐면 ○○이 학교 때문에. ○○이 학교 때문에 일요일 날 저녁에 차를 타고 올라와서, 버스 타고 올라와서, 월요일 날 아침에 혼자 내려갔어요. 내려갔는데, 21일부터 ○○이가 학교를 하루 다니다가 도저히 안 되겠다고 전화 왔어요. "아빠, 나 글로[그리로] 간다". 그[래서] 내가 또 가서 ○○이를 데리고 내려왔죠. 데려오니까, 아, 날짜가 헷갈리네. 아닌데, 금요일 같은데. 금요일 날, 토요일, 아 일요일. 일요일 날, 월요일 날 갔다 내려오고, 일요일 날은 나는 더 미치는 게, ○○이가 하는 이야기가 자기가 바닷속으로 들어가겠다는 거야, 울면서. (울음 섞인 목소리로) 나는 진짜 그 어린애가, 내가 토요일부터 걔가 팽목에 있을 때 바닷속에 들어간다고 [그래서] 내가 ○○이한테 설명했어요. "야, 거기 여기서 배 타고 40분 더 가야 되고 못 들어간다. 지금 잠수사들도 못 들어가고 있다" [했더니 ○○이가 "왜 구조를 못 하냐?"[고]. ○○이가 수영 좀 했어요. 수영도 하고, 자기가 수영할 수 있다고. "야, 인마. 수영해도 인마, 30미터, 40미터 못 들어가, 너는". [○○이가] 들어가겠다고, 지네 누나 데리고 온다고. ○○이는 일주일 내내 예진이가 살아 있는 줄 알았어요, 계속. 자기 누나 산 줄 알고 배 안에서 안 꺼내주는 줄 알고, 처음 그 잠수하고 해경을 욕하면서 왜 사람을 안 꺼내주냐고…(눈물을 닦음). 차마 ○○이한테 이야기는 못하겠더라고요. 아이 희망을 딱 꺾고 "누나 죽었다" 그런 이야기를 못 하고, ○○이 같은 경우는 "사람을 왜 배에서 안 꺼내놓냐고 구조를 안 하냐고, 자기 들어가겠다"고 그러고(한숨). 진짜 ○○이한테 미안하더라고요. 일요일 날 ○○이가 도저히 안 되니까, 그때는 배도 토요일 날인가, 일요일 날 배로 [현장] 근처에 또 갔어요. 그 배 가라앉은 데에, 병풍도를 간다고 타봤는데, 방송이 나오니까 "가실 사람 열 몇 명, 작은 배니까 열 몇 명 타라"니까 ○○이가 먼저 자기 타겠다고 뛰어가더라고요. 그래서 "○○아, 신청했으니까, 신청해 줄게. 신청해 놨으니까 같이 가자, 아빠랑 같이 가자. 기다려" 그래 갖고 4시간 기다려갖고 배를 타고 들어갔는데, 또 이 새끼들이 또 근처까지는 또 안 가고, 바람이 세다고, 저 멀리서 보일 듯 말 듯 그런 데 내리는 거예요. 그래 갖고 ○○이는 그 배 지하에 타고 올라갖고 가본다고. 내가 잡았어요, "야, 큰일 나, 인마 떨어지면" 사람이 그렇더라고요. 걔가, ○○이 같은, 이 새끼가 진짜(한숨) 오죽하면 누나 꺼내러 간다고(울음). 진짜 4월 16일 MBC 라디오를 지금도 꼭 그 시간대, 9시, 10시 대에 9시 라디오를 못 들어요. 지금 그 이야기만 나오면…(한숨) 미치죠.

7
사건 이후 팽목과 진도체육관의 상황

면담자   그럼 예진이가 나올 때까지 진도체육관 말고 팽목에 계속 계신 거예요?

예진 아빠   왔다 갔다 했어요. 새벽에 걔네가 수색을 안 할 때면 체육관에 들어와 있다가 아침 되면, 새벽 되면 나가갖고 팽목에 가갖고 그쪽에 상황 보고 기다리고 있고. 거기가 정보가 더, 체육관보다 정보가 더 빨리 떠요, 팽목이. 수색을 언제 할 건지, 언제 들어갈 건지, 몇 명, 어떻게, 잠수함 몇 명, 정보가 더 빠르니까. 체육관에만 앉아 있으면 스크린만 보게 되거든요. 스크린 봐봐야 아무것도 없어요, 일주일 내내. 이것도 이틀 후에 저기 스크린 한 개 설치해 주고 CCTV 달아놨는데, 밤에는 불만 들어오고 계속 비춰 주는데, 달 있는 것처럼 훤해 그냥. 아무것도 없었어요. 저 같으면 미치겠더라고요, 체육관에 있으니까 미치겠더라고요. 그것만 쳐다보는 것보다 '차라리 가자. 그리고 팽목 가야지 사람을 만나고 정보를 알 거 아니냐' 그래 갖고 왔다 갔다 하고. 걔네가 수색 안 하면 들어와 있다가, 또 예진 엄마[를] 지켜야 되니까, 예진 엄마는 못 간다고 체육관에 있었다고, 계속. 그게 21일 월요일인가 화요일, 21일부터 팽목으로 옮겨갔고 내가 그랬죠. "나올 시점 됐으니까 저기 팽목 가야지 더 빨리 만난다" 그러면 진짜 이런 말 하면 안 되지만, 죽은 애를 더 빨리 만난다는 게 말도 안 되는 소리고, 산 애를 데려와야지 죽은 애를 빨리 만나겠다고 간 것도 그렇고……(얼굴을 감싸며 한숨).

17일 날 아침까지 잠수사가 살아 있다고 확인하고 왔다는데, 망치로 때려 보고 소리를 듣고 왔다고 그러는데 왜 못 들어가게 하냐고. 우리 애가 아니래도 다른 산 애들은 건져줘야 될 거 아니냐고…. 이런 개 같은 나라가 어디 있어요. 솔직히 저는 17일, 16일 저녁까지 예진이 살았다고 믿어요. 에어포켓 같은 게 존재했어요. 공기 같은 게 차단돼 갖고 살아 있었어요. 소문에는 그런 것도 있었어요. 오락실 옆에 누가 전화 왔었는데, 오락실 옆에 누구누구 있더라, 몇 명이 거기서 예진이 본 것 같다는 그런 증언도 있었고. 그 생존자 애들이 [증언]할 때, "오락실 근처에, 식당 옆에 가면 오락실이 있는데, 그 근처에 애들이 몇 명 모여 있다", 그런 이야기도 들었고. 우리 3반[이 숙소로 쓰던 방] 같은 경우는 배와 배[방] 사이가 몇 미터 차이가 안 나요, 진짜 걸어서 2, 3미터이면 나와. 5미터면 나오는데 애들 거기서 기다리다가 그렇게 됐고…(한숨).

MBC를 제가 신청을 해서, 문자를 넣어갖고 예진이하고 통화를 한다고 나는 기다렸어요. 그런데 예진이가 10시 돼갖고 양희은 강석우 그쪽에서 "여보세요" 하니까 정예진이 그쪽에서 "여보세요?"

한 마디 하더라고요. "여보세요" 하고 전화가 그다음부터 안 돼요. 그때 나는 지금도 내가 그 생각만 하면 잠을 못 자는데, 어휴, 왜 거기다 전화하고 [그랬는지], 예진이하고 먼저 통화를 해야지(한숨). 미치겠더라고요.

8
진도체육관과 팽목에서 기억나는 일화들

면담자   진도체육관이나 팽목에 계실 때 생각나시는 장면이나 일이 있으신가요? 특별하게?

예진 아빠   진도체육관 같은 경우는 거의 아수라장이었죠. 아수라장. 싸움, 기자들이 자기네끼리 싸움을 걸고, 자기네끼리 누가 찍으면은 우리가 하는 것처럼 싸움을 유도를 해요, 걔네가. 그 우리는 그때 "동요하지 말자. 싸우면 안 된다. 이게 방송을 타고 나오면 우리도 시달린다" 그래서 17일, 18일쯤 됐나 봐요. 17, 18일 각 반끼리 모아서 "명찰 달고 다니자. 그러면 이 사람들 다, 가짜를 구별할 것 아니냐. 삼촌이 됐든 이모가 됐든 쓰자", 누구 엄마, 누구 아빠 아니면, 누구 엄마, 이모. 그래서 한 반에[학생 한 명에] 두 명씩만 명찰을 내줬어요. 그런데도 그것도 자원봉사 같애, 젊은 애가 그 명찰을 차고 댕기는 거야, 밖에 있던 애가. 그래 갖고 우리가, 나이대를 알잖아요. 벌써 애가 고등학생인데, 우리가 40대라든가,

50대라든가, 아니면 젊어도 30대는 없단 말이에요, 아무리 젊은 애도, 고등학생 애라도 [고등학생 애가 있기에는] 좀 젊어. 그래서 딱 잡았어요. 잡으니까, "혹시 누구 아빠냐?"고 명찰을 보이고 가만히 있는 거예요. 그러니까 "야, 나이가 몇 살인데, 몇 살이세요? 누구예요?" 그러니까 이걸 딱 벗어놓고 도망가는 거예요. 좀 키가 크고 말랐더라고, 보니까 자원봉사 조끼를 입고 있는데.

우리는 그러죠, "아니, 우리가, 유가족이 자원봉사 할 시간이 어디 있고, 지금". 그때 당시에는 우리는 일주일 먹지도 못했어요. 안 넘어가요, 사실. 저 같은 경우는 먹은 기억이 안 나고, 친척이나 누가 오면 마지못해 먹자, 먹자 그러면서 따라가서 좀 끌적끌적 그런 정도고. 팽목 갔다 오면은 먹으라고 과일 같은 거 몇 개, 과자하고 몇 개 있고, 그게 안 넘어가더라고, 보기도 싫고. 과일 같은 것 2, 3일씩 있으니까 바나나 같은 것도 썩고 그러는데, 그것도 버리고 그래 갖고. 거의 물밖에, 물도 제대로 못 먹은 기억이 나고요. 라면도 컵라면 같은 것도 팽목에서 한두 개 먹었나? 그 기억밖에 안 나고, 먹고 싶지도 않고, 먹을 마음도 없고… 그랬었고.

그리고 기자들이 자기네가 찍는 척하면서, 쟤네가 학부모인 척 흉내 내면서 기자를 잡고 때리는 게 있어요, 2층에서. 그래서 싸움나면 우리가 '왜 그러지?' 하면 자기네끼리, 우리가 유가족이 그런 것처럼 쇼를 하면서 카메라 기자를, 카메라를 찍지 말라고 그러면서 카메라를 깨부수니 [하면서] 자꾸 뒤에서 싸워요, 2층 쪽에서. 저쪽 우측 쪽에서. 그래 갖고 우리 학부모들이 하는 이야기가 있으니까, "야, 잡아서 물어보자. 잡어. 잡아서 누구 아빠, 누구 엄마인지 알아보고, 왜 그런지 누군지 물어보자". 이런 것도 딱 잡으려 하니까 둘 다 다 튀는 거야. 카메라 들고 튀고, 그 싸운 놈도 못 잡고. 2층에서 찍을 때 그렇게 놓친 적도 있고, 그런 것도 있고. 하여간 반 이상이, 3분의, 4분의 2정도가 다 사복경찰인 게, 우리가 지금 생각하면 다 그런 거[예]요. 다 타인들만 되게 많았어요. 하여간, 완전 자기네끼리 쇼하는 거고, 우리를 감시하는 거고.

그리고 팽목에 있을 때는, 김수현이가 거짓말하는 것에 대해서는 이해가 안 가는 게, 서해청장 같으면 그 재난인데, 무전기도 한 개도 없고 아무것도 없고, 핸드폰을 한 개 들고 나오는 청장이 세상에 어디 있냐고. 그 17일부터, 18일부터도 조명탄만 터졌는데, 그것도 모자라 가지고 다 안 터졌어요. 중간에 쏘다가 한 10시 되면 떨어져 갖고 없어. 그럼 우리가 "야, 대통령이 와서 이야기할 때, 총지원해 가지고 다 해주라는데, 총지원을 하고 사고 수습을 다 하라고 그랬는데, 너는 왜 안 하냐?" 그러니까 자기도 모르니까 지시하겠다 이거야. "조명탄을 왜 계속 밤새 쏘고 수색을 해야 되는데, 수색을 안 하냐?" 그런데 이 새끼들은, 벌써 저기 서해청장 같은 경우는, 아니까 수색을 안 한다는 걸 아니까, 조명탄을 안 쏘는 거고 쇼만 하는 거니까, "다 떨어졌다, 몇백 발이 다 떨어졌다" 그러는 거야. "야, 조명탄이 다 떨어지면은 더 수급을 [해야지] 야, 한 개 올라갈 때 그 몇 분 [지속되는지] 계산을 못 하나. 너희 그 청장이고 그 전문가들이 한 개 쏠 때 몇 분, 그러면 10개 쏠 때 몇 분

해갖고, 하루에 24시간 밤 10시부터 해갖고 11시부터 아침 동틀 때까지 시간을 계산해 갖고 충분히 채워봐야 될 것 아니냐?" 그런 이야기를 했어요. 그러니까 "알았다. 전화를 한다" 하드만. 자기 핸드폰을, 나는 서해청장이 핸드폰을 갖다가 지시하는 건 처음 봤어요.

자기네끼리 통화하면서 비행기 조종사하고 통화를 하고, 무슨 본부하고 통화하고, 더 웃긴 건 서해청장이 하는 이야기가 "야, 이거는 실제상황이야. 내 말 들어, 이제부터" 그러면서 그놈하고, 누군지 몰라, 그놈하고 통화를 하더라고. 쇼하는 거죠. 그러면 그쪽에서 안 되니, 그쪽에서는 상황을 모르니까, 전화만 받았으니까, 안 되니 못 가니 그러니까, 우리가 서해청장을 가지고 난리 치죠. "야, 이 새끼. 너는 청장이라는 새끼가 왜 부하 직원이냐. 그쪽 관계도 못해 가지고, 네가 지시한 것 못 따라가냐, 왜 안 돼냐. 해라, 전화해라. 지금 지켜보고 있겠다. 마이크 대겠다" 그렇게 하니까 "이제부터 실제 상황이야. 내 이야기 똑바로 들어. 뭐 싣고, 뭐 싣고, 조명탄을 몇 개 싣고 빨리 와, 몇 시까지", 그렇게 지시를 하더라고요. 그러니까 우리가 그때 당시에 인천에서 오면, 2시간, 저쪽에서 오면 1시간 반 걸린대요, 울산 그쪽에서 오면은. "좋아, 기다리겠다" 그때 밤, 그래 갖고 10시 몇 분에 했는데[지시했는데] 1시까지도 비행기도 안 오고, 조명탄도 안 오는 거예요. 그래 갖고 "다시 전화해라. 왜 안 오냐, 우리한테" 그러면 전화하니까, 비가 와서 출발을 못 했대, 비행기가. 그[것] 실은 비행기가 비가 와서 못 했다고 그러는 거야, 서해청장이 하는 이야기가. "야, 이게 말이 되냐. 비행기가 가랑비 좀 온다고 못 오면은 그 무슨 비행기냐. 그럼 여객선 다 못 날라 다니는 것 아니냐, 다시 해라" 그러니까 그쪽에서는 그 말만 듣고 말았겠죠, 그쪽, 받는 쪽에서는. 그래서 아예 오지도 않고. 그런 황당한 일도 있고, 다 쇼였고. 그 "저쪽 대구 거는 왜 안 오냐, 울산 거는 왜 안 오냐, 그거는 1시간 반 걸린다며 그거는 얼마나 실었냐?" 그러니까 또 전화를 하드만. 그쪽에 답이 없어서 전화 안 받아, 아예. 참 웃겨갖고.

이런 쇼만 참, 본다는 게 참 한심스럽더라고요. 17일부터 18일부터 해갖고 22일까지 다 쇼였죠. 아시다시피 애들을 다 구조를 한 게 아니고, 처음에 뜨는 애들만 건져왔고, 안에 들어가서 민간 잠수사가 꺼내준 것만 싣고 왔고, 애들이. 청장[김석균 해경청장]이나 서해[김수현 서해해경청장]나 해경이나 한 게 아무것도 없는 거고. 지금은 확실하게 알아서, 그래 왔는데 그 당시에도 저는 해경은, 우리 유가족들은 믿지를 않았어요, 해경들을. 믿지 않은 게, 다 거짓말이었고 말하고 행동이 안 맞고 안 하니까… 참 어처구니가 없고 그러니까.

9
도보 행진

면담자   그때, 청와대로 가는 도보 행진에 참여하셨나요?

예진 아빠　　　　예. 18일 날 갔다가, 가가지고 "정홍원 국무총리 내려와라. 내려오면은…". 저는 중간에 갔다가 다시 들어왔어요, ○○이 때문에. 이 아래에 있어 갖고 중간에 갔다가 내려와 가지고, 아침까지 진도대교까지는 안 가고 중간에 내려왔고. 그래 갖고 그다음에 갔다 온 사람들한테 물어보니까, "내일 아침에 정홍원 국무총리 내려올 거니까 아침에 철수하자" 그래 가지고 그 조건에 철수 한 거고. 박근혜는 만나주지도 않았고. 청와대로 가자 그래 갖고 17일, 18일. 오죽 답답하면 우리 유가족들이 그랬겠습니까? 와서 말로 번지르르하게 해놓고 있고 18일 날 해준 게 하나도, 19일까지도 한 게 하나도 없죠. 덩그러니 그냥 스크린 한 개 띄워놓고, 그냥 감시카메라만 띄워놓고, 그게 땡이고 무슨 상황판 하나도 없고. 그러니까 사람들이 당연히 못 믿죠.

10
예진이 장례 과정

면담자　　　　예진이 나오고 나서 그 이후에 어떻게 하셨는지?

예진 아빠　　　　예진이 나올 때 되니까, 나는 21일 날 말고 22일 날 예진이 올라왔으니까, 22일 날 오전에 11시쯤에 가가지고 예진이를 보고 안산으로 올라왔는데, 장례식장을 먼저 내가 오전에 예약을 했어요, 한사랑병원에. 안산에 [장례를] 다 하니까 [자리가] 없더라고. 다 없고, 제일장례식장은 없고, 저기 고잔[동] 고대병원도 없고, 저쪽에 없고 다 없어 갖고 한사랑병원에 갔다가 전화하니까, 내일쯤 나가니까 오늘 와서 기다렸다가 내일 하면 된다고, 그래 갖고 그걸 예약해 달라 예약을 했었고. 그래 갖고 올라와서 하룻밤 병원에서, 예진이 있었죠.

하룻밤 병원에 있고, 그다음에 23일 날 [장례] 치렀죠. 치렀는데, 거기서도 교육, 그때는 교육부가 담당이었나요? 장례 지원을? 좀 마찰이 좀 있었는데, 우리가 처음에 예진이 엄마 같은 경우는, 그 있던, 옆에 있던 분이 다혜 엄마, 다혜 엄마하고 옆에 같이 진도체육관에 있으면서 알아가지고 애들을 수목장을 해주겠다 그래 갖고. 그러면 예진이 엄마가, 애들하고 친했으면 다혜하고 다, 금구 모[금요일 9반 모임]인가 뭔가 있더라고요? 그래서 "친하니까, 친구 있는 데에 해줘야 되면, 수목장을 하겠다" 그래 갖고 걔하고 세 명이서 다혜, 예진이, 또 한 명이 누구지? 이름이 잘 기억이 안 나는데, 그 엄마 셋이서 애를 수목장을 해주겠다고 하면서 장례 절차, 그 절차를 이야기했죠, 병원에다가. 나는 "이거를, 식 끝나고 애를 수목할 거니까, 저기 나무도 봐야 되고 수목장을 해야 되니까 그 비용까지 다 해라" 그러니까 처음에는 "알았다" 그러더라고요.

첫날 있던 사람이 알았다 그랬는데, 둘째 날 딱 이야기하니까 그런 내용은 처음 듣는다고 그러더라고요. 나는 그때 상황만 해도, 다 한 사람이 맡아갖고 쭉 하는 줄 알았더만, 교대를 했드만요? 교대를 첫날, 이틀째, 3일째 교대를 하더라고. 제가 그때 볼 때는, 둘째 날도 나는, 어제 이야기한 사람하고 똑같은 [사람으로] 보이는데, 모르는 이야기고 처음 들었다 그러더라고요. 그래 갖고 그 이야기를 설명해 줬어요. 난 같은 사람인 줄 알고, 같은 사람인데 "왜 어제 들어놓고 왜 모른다고 그러냐, 어제 하기로 했는데, 그렇게 하기로 했는데 왜 안 하냐?" 그러니까 못 들었다는 거야. "그러면 내가 다시 설명을 하겠다. 우리 애는 끝나고 수목장을 할 거고 저기 그쪽으로 보겠다, 수목 하는 데로 가보겠다. 본 다음에 일단은 임시로 여기, 우리 예진이 같은 경우는 화장했으니까, 서호[추모공원]에 있으니까 거기 있다가 정리되는 대로 애를 다, 세 명 다 오려면, 같이 올려서 해갖고 하겠다" 그러니까 그 비용이 한 600만 원 나오더라고요.

그래 갖고 어차피 장례를 다 해주기로 했으니까, 그러면 600만 원이 나오든 1000만 원이 나오든 어차피 국가에서 해준다고 했고, 장례를 당연히 마땅히 해야 되는 것이고, 장례를 치러줘야 되는 것이고. [수목장을] 한다니깐 그 직원은 "그건 안 된다. 얼마 선까지, 얼마를" [해야 한다]. 그때 트러블이 생겼지. "야, 이게 무슨 소리냐" 그래 가지고 한바탕, 조금 거기서 우왕좌왕해 갖고 교육부 직원하고 한바탕해 갖고, "그러면 그렇게 하자" 그래 갖고 그걸 [서류를] 쓰고 왔는데, 장례 끝나고 전화를 했죠. 일단 되는 대로 연락을 달라 그러더라고. 자리 잡고, 되는 대로 연락을 달라 그러더라고. "그래 알았다" 그랬는데 마음이 변했죠. 장례가 끝나고 나니까 애들하고 다 같이 있는 게 낫고, 세 명만 덩그러니 저쪽, 용인 쪽에 가 있으면 뭐 하나 싫어 갖고 일단 보류를 했어요. 보류를 하고 지금은 서호에 있고.

면담자　　　3반 친구분들 다 같이 서호에 있다는 말씀인가요?

예진 아빠　　아니 3반이 아니고, 그 금구모라고 다혜하고 예진이하고 한 명이 누구지? 세 명만 수목장을 하겠다고, 셋이서 엄마들끼리, 그래도 셋이 있잖아요. 그렇게 했는데 세 분 다, 다 일단은 안 하기로 하고, 수목장은. 지금 셋 다 지금 서호에 다 같이 있어요, 쪼로록 이렇게…(침묵).

11
더 생각나거나 남기고 싶은 말, 후회되는 일

면담자　　　더 생각나거나 혹시 하시고 싶은 말씀이 있으세요?

예진 아빠　　생각나는 걸 말하는데, 뭘 어떻게 해야 할지를 모르니까 지금 이야기도 뒤죽박죽되고 그런 것 같고. 지금 정신이 하나도 없네요, 지금 자꾸 생각하다 보니까.

면담자　　　편하신 대로 이야기해 주시면 돼요.

예진 아빠　　내가, 팩트는, 그날, 16일 날 MBC에 제보를 하고, MBC 말만 듣고, 그게 좀 후회스럽고, 예진이하고 통화를 직접 했어야 했는데 계속 통화 중[이었어요]. 예진이도 그렇고… 왜냐면 나는 또 MBC 때문에 더하지 않았나, 통화를 더 못 했지 않았나, 예를 들어 피디들도 서로 전화하고 나도 전화하고 예진이 엄마도 전화하고, 서로 하려고 그러니까 혼선이 꼬이지 않았나. 지금 죄스러운 마음은, 그때 당시 빨리 예진이한테 전화해 가지고 "상황이 어떠냐?" 그걸 먼저 물어봤어야 했는데, 나는 그때 '그냥 그러려니… 진짜 침몰돼도 구조하겠지' 그러면서 했던 제 자신이 밉고. 내가 왜 거기다, 그 시간에 그래 갖고 통화도 한 번 더 못하고…. 누가 이렇게 될 줄 알았나, 누구 말대로(한숨).

3회차

2016년 1월 7일

1
시작 인사말

2
근황

면담자   오랜만에 뵙는데, 그동안 활동이라든지 어떻게 지내셨나요?

예진 아빠   활동은 피켓 같은 것 하고요, 주말에. 연말이다 보니까 약속 같은 게 있다 보니까 늦춰졌고요.

면담자   주말에 하시죠, 보통?

예진 아빠   보통 제가 금요일 날 피켓 하고요, 동네에서 하고, 주말에는 우리 활동하는 곳, 예를 들면 학교라든가 시간 되면 아이들 있는 데 가서 거기 있고, 주말에 가고. 요즘에는 마음도 심신도 안 좋아 가지고 4·16클럽의 축구, 예, 매주 일요일마다 하는 것, 그걸 하고 있고.

면담자　　　축구 클럽을 결성하셨나요?

예진 아빠　　'4·16축구클럽'을 만들었어요. 그게 '우리함께' 거기서 같이해 가지고, 안산 시민 누구나 뜻만 같으면, 저희와 같은 마음이라면, 그런 모임하나 만들어가지고, 축구를 매주 토요일 할 때도 있고 일요일 날 할 때도 있고. 보통 그렇게 하고 있습니다.

면담자　　　어느 분께서 처음 이렇게 만들게 되신 거예요?

예진 아빠　　처음에 취지는 민지 아버님. 민지 아버님하고 처음에 결성해 가지고, 몇 분하고 이야기하다 보니까 도와주는 단체에서 같이 후원하겠다 그래 가지고. 지금은 매주 첫째 주 토요일은 사회 '일작'? '일작'하고 첫 게임하고, 토요일 날 하고, 그다음 주에는 스케줄 잡히면 동네별로, 예를 들어서 성문중학교 팀이라든가 조기 축구회 팀이라든가 섭외가 들어오면 같이 차고. 저희 같은 경우 아빠들이 많이 못 나갈 때는 저쪽 팀하고 섞어서 같이 그렇게, 그나마 살아보려고 악을 쓰고 있는 거죠(웃음).

면담자　　　많이 참여하시나요? 참여율이 어떻게 되나요?

예진 아빠　　지금 회원 수는 지금 한 이십 몇 명이 되는데, 총 15명, 10명? 그런 걸 보니까, 저기 스케줄이 많을 때는 또 이렇게 주말에 이렇게 활동이 있을 때는 접고, 스케줄이 없다 그러면 많이 나오시고. 저마다 가정마다 조금씩 사정이 있겠죠. 우리 같은 경우는 애들 납골당 갔다가, 애들한테 갔다 와야 되고 그러다 보니까, 한 번씩 빠져야 되고. 그런 상황이고 그렇습니다.

면담자 　　그러면 새해부터 하신 거네요?

예진 아빠 　　아니요. 작년 한 가을쯤 되었을 거예요, 아마. 가을부터 벌써 결성은 됐는데 꾸준히 하는데 참여를 많이 못 하죠.

3
피케팅 활동

면담자 　　피케팅하셨다고 했는데 그러면 저번 주나 저저번 주에는 주로 어떤 이슈로 하시는지?

예진 아빠 　　매주, 이번에 계속하고 있는 거는, 처음에는 실종자들하고 인양, "조속한 인양하고 투명하게 하라" 그런 걸 하고요. 요즘에는 교실, 저기 단원고 교실 존치 문제하고 같이 두 가지를 겸해가지고 서명도 받고 그렇게 하고. 주말에는, 내일도 또 우리 주말에 현수막 건다고, 그건 토요일 날. 내일 금요일 피케팅이고 저녁 6시부터 8시까지, 2시간 씩, 매주 금요일. 그리고 토요일 우리 현수막 건다고 10시부터 나갔다 와야 되고. 일요일은 또 1시 반에 공 찬다고 나오라고 문자가 오고. 그러면 가정, 집에 거는 아무것도 못 하죠.

면담자   그러면 가서 활동하시면 어떠신가요? 어떤 걸 보셨
는지, 시민분들의 반응은 어떠신지?

예진 아빠   처음에 할 때는, 우리가 안산에 할 때는 몇 명 시비
를 건다든가 물어보고 "왜 그러냐, 그만해라" 그런 이야기를 몇 번
들었고. 작년 여름부터 할 때, 여름에 조금씩 지날 때는 그런 이야
기를 들었는데, 요즘에는 꾸준히 하다 보니까 아예 뭐라는 사람은
없어요. 뭐라는 사람 없고, 지나가면 서명도 많이 해주고.

　　그런데 제일 문제가 되는 게, 지금 기성세대라고 해야 하나요?
우리 같은 세대. 우리, 내 나이 또래 되어가지고, 자기 딸이 그 정
도 있는 사람들이 서명을 제일 안 해요. 안산에, 학생들은 부르면
다 잘해주고, 오히려 나이 먹은 사람들도 요즘에는, 옛날에는 나이
먹은 사람들이 맨날 따지고 그랬는데, "돈 받았으면 됐지" 그런 식
으로 이야기했는데, 요즘에는 나이 먹은 사람들은 거의 이렇게 서
명은 안 해도 뭐라 그러지는 않는데, 요즘 같은 경우는 우리 세대
같은 사람들이 한 말 툭툭 뱉고 가요. 그러면 저는 속으로 '야, 만약
에 네가 너 자식이라도 그런 소리 나오겠냐. 우리 같으면 그냥 내
일 아니면 그냥 지나갈 텐데, 왜 그런 이야기를 하고 갈까?' 자기가,
지가 [자식이] 가면, 아니 진짜 우리 같으면 이해가 안 가죠. 내 일이
아니래도 나라 꼴이 개판이고, 우리나라에서 300명이 죽은 사건인
데 이거는, 그냥 지나가고 이걸 한다는 걸 가지고 뭐라 그러는 사
람들은 이해가 안 가는 거죠. 우리나라 사람이 아니죠. 이 사건은
우리 애가 한 명이 죽은 게 아니고, 우리 가족이 다, 한 명 때문에

세, 네 명이 지금 아무것도 못 하고… 거의 그냥 그렇죠.

그리고 더 중요한 건 우리 가족과, 가족도 그렇지만 친인척을 우리가 다 못 만나요, 지금. 솔직히 이렇게 아는 사람, 모르는 사람은 이렇게 친구나 이렇게 주위에 모르는 사람들이 더 편해요. 왜? 그냥, "아, 그러냐" 그래. 그런데 가족들은 만나면 눈물부터 나잖아요. 옛날부터 어렸을 때 같이 컸고, 같이 놀았고 어울렸고, 집안 행사 다 참여했고, 재미있었고 화목했고 좋은 날만 계속 살았었는데, 갑자기 하루아침에 이런 경우를 닥치고 나니까, 가족 친척들을 만나면 벌써 만나고 싶지도 않고, 만나면 눈물부터 나고 하니까 못 만나는 것이고. 우리 가족 친척들도 마찬가지예요. 어떻게, 말로 도와줄 수 있는 일이 아니라 이거지, 이거는. 말로 해가지고 될 일이 아니고, "어떻게 해라, 몸 건강해라, 가슴에 묻어라" 그러면 우리 같은 경우는 가슴에 묻으면 더 화가 나죠. "어떻게 자식을 가슴에 묻고 잊어버리냐. 아직 해결된 게 아무것도 없는데" 그런 말도 가족 같으면 아니까, 친척들은 아니까 그런 말을 안 해요. 차마, 우리 같은 경우는 말하지도 못하고 전화도 안 받고 하니까. 아니까, 그 사람들도 '얘는 아직까지도' 알다시피 해결된 게 하나도 없으니까, 진실을[이] 밝혀진 것도 아니고 인양이 된 것도 아니고. 그야말로 지금 범죄자가, 이 사건의 범죄[자]가 잡힌 것도 아니고, 다들 모르쇠고, 각본대로 짜여진 정치 쇼고, 다 이게. 아니까 친척들은 그냥 애를 가만 놔두고 옆에서 지켜보는 수밖에 없고. 저희 같은 경우는 그랬어요.

친척들한테 "야, 나를 도와주지 말고, 광화문에 가서 피켓 들고 광화문에 갔다 와라. 애들 사진 한 번 더 보고, 교실을 단원고를 와서 글을 봐라" 그런 이야기를 해요. "요즘 어떻게 지내? 어떻게 지내?" [그러면] "너 같으면 어떻게 지낼 수 있겠냐. 내 자식이 이유도 없이, 아무 [이유도 없이] 그랬는데, 너 같으면 어떻게 지내겠냐, 그걸 물어볼 수 있냐. 그럼 나와서 직접 활동해 보고, 뭔가 자료를 한 개라도 더 찾아봐라. 4·16 사건이 뭔지, 세월호가 뭔지, 그날 왜 과연 이게 났는가, 한 번. 자료는 네가 다 책을 뒤져보든가 인터넷에 검색을 해라. 그게 나를 도와주는 거다" [하고] 그런 식으로 이야기를 하죠. 가족들한테도 뭐라고 전화가 오면 뭐 승질부터 내지. 옛날처럼 어쩌고저쩌고 [그러면] "야, 지금 해결된 게 없는데, 옛날 그런 소리하지 마라" 승질내고, "다음부터 그딴 이야기하려면 하지 마라" 그런 식으로 끊고. 그러면서도 후회는 되겠지, 당연히 그런 말을 뱉지 말아야 하는 건데 뱉고 하니까. 내 자신이 또 그게 어쩔 수 없는 거고.

저로서는 아직까지는 그래요. 가면 갈수록 더 지금 짜증 나는 마음, 더 열만 받으니까, 해결된 것도 없고 열만 받으니까. 이건 조금이라도 의혹이라든가 조금이라도 청문회 같은 것도 조금이라도 인정을 한다든가, 아니면 이 사건에 대해서 빨리빨리 조속하게 인양을 빨리 해서 미수습자들을 빨리 돌려주고, 단원고도 시원하게 어떻게 딱 이렇게 해주고 애를 졸업을 하든지 그랬으면 좋은데. 지금 한 게 다 무산되고 우리를 더 나쁜 놈으로 보고 있으니까, 더 미치는 거죠. 그럴수록 우리는, 나 같은 경우는, '멈추지 말아야 되겠다. 가만히 있지 말아야겠다'. 그래서 우리 예진 엄마 같은 경우는 내가 적극적으로 나가라고 했어요. 예진이 엄마한테는 내가 그랬어요. "당신이 나가서 돈을 벌어. 차라리 내가 활동하고 내가 움직이겠다. 나는 움직이겠다" 그러니까 예진이 엄마가 "내가 다 하겠다" 그래서 "그래, 그럼 한 사람이라도 열심히 하자. 이거는 진실이 조금만이라도 내 자식의 일이다, 이거는. 내 자식의 일이고 내 일이다. 그런 마음으로 하자" 그래 갖고 계속 활동을 하고 있습니다.

면담자　　　그 아까 피케팅할 때, 기성세대 분들이 뭐라고 하신다고 말씀하셨는데. 그럼 보통 뭐라고 이야기하나요?

예진 아빠　　첫째로 나오는 게 돈이죠.

면담자　　　직접 돈을 언급하나요?

예진 아빠　　네. "돈, 배상금 다 받아 나왔다며" 3억, 5억[이라고], 얘네들, 모르는 애들은 10억을 이야기하고 있어요. 내가 그러면 더 열받지. "일로 와라, 10억 확인해 줄게. 너 왜 10억이라는 돈을 어디서 들었냐?" 그러면 옛날 같은 경우는 욕하고 싸웠는데, 요즘에는 "와라. 이야기해 줄게, 내가. 뭔가 알고 이야기해라. 이 돈이 어떻게 나오는 건지 알아야지만, 네가 그러고. 너 같으면 목숨값하고 3억, 5억 바꾸겠냐? 애하고. 나는 지금 100억을 쥐도 안 바꾼다. 내가 100억 줄게, 너 자식 데리고 와라" 그러면, 그런 식으로 이야기하면 꼬리를 내리죠.

그리고 정부에서 하는 얘기가, "인양 또 지금 해준다 그러지 않냐. 그런데 자꾸 인양해 달라 그러냐? 돈도, 배·보상 다 신청해 놓고 받으면 100명 타 갔다는데, 너네는 왜 안 타고 이걸 계속하고 있냐?" 그런 식으로 자꾸 이야기해요. 그래서 자꾸 주입을 시키죠. "제대로 알고 이야기해라. 뭐라도 떠들어라, 제대로 알고. 인양을 해준다고 하는데 할 것 같냐? 그럼 빨리 했어야 할 것 아니냐, 그 온전하게 해야 되지 않냐, 인양을. 그러면 미수습자들은 어떡할 거냐?" 그럼, 그런 걸 설명을 해줘요. 뭐라 그러냐면, "지금 [유실 방지] 망을 붙였는지 안 붙였는지 너가 확인했냐? 우리 가족들도 지금 모르고 있다. 지금 인양하는 것도 숨기고 있고, 언제 어떻게 하는 건지 밝혀준 것도 우리에게 알려준 것도 없다. 그리고 지금 그 배 흔적을 없애는 것도 우리는 안다. 너네는 인양을 한다[고 하는데], 인양을 하다가 박살을 내면은 그 어떡할 거냐? 그 안에 있는 미수습자들하고 안에 있는 우리가 제일 중요한 게 증거인데, 진실을 알고 싶어서 그런 건데, 우리 애는 어차피 죽었지만 진실 때문에 그러는 건데". 그런 이야기를 설명을 해줘요.

그리고 돈 이야기는 "돈? 우리는 안 받는다. 왜 안 받냐. 돈도 안 받고, 그러면 내가 지금 돈이 아쉬운 게 아니다. 내가 못 사는 것도 아니다. 내가 그 돈 받아 살 것 같으면은 내 자식을 돈으로 바꾼 것과 똑같은 거다. 어느 부모가 자식을 팔아먹고 살겠냐?", "돈이 안 나오면 어떡할 거냐?" 그러면, "안 나와도 관계없다. 지금보다 더 나쁜 경우는 없다. 살면서 가족 화목하고 행복했던 집안이

풍비박산이 났는데, 그깟 돈 가져다가 할 거냐?" 그런 식으로 하면 그냥 가고. 술 먹고 횡설수설하는 사람이 몇 명 있고, 그러면 가시라고 그러죠. 그런 사람들은 가라고.

　전에는, 한 몇 달 전만 해도, 계속 피케팅을 조금 하다 보니까 노인네들이 와가지고 모르면서 이야기했듯이 그러니까, 자꾸 이 이야기를 하면 노인네들 말하면 씨도 안 먹히고 큰소리 나니까 조용히 불러서 "당신 자식이 죽고, 손자가 죽어도 그러겠습니까? 그럼 그냥 가세요. 쪽팔리지 않으려면 그냥 가세요" [하고] 돌려보내고 그러거든. 그래서 제가 [안산시] 동명[상가 일대]에서 하고 있는데 거의 요즘에는 그런 사람 없어요. 요즘에는 시비를 걸고 그러는 사람이 없고. 어떤 사람 같은 경우는 "아유, 미안하다" 그러는 사람도 있고. 그냥 서명해 주고 오히려 서명하는 사람들도 몇 명 봤고. 그런 사람도 있고.

4
트라우마

예진 아빠　　한번은 그런 이야기도 들었어요. 피케팅을 하고 있는데, 저 어떤 내 또래 되는 사람이 지나가면서 그런 이야기를 하더라고. 둘이서 이야기를 내 앞에서 하더라고. 우리가 피케팅을 하고 있으니까 한 사람이 멈춰서 "이게 뭐야?" 그러니까 옆에서 그 사람이 "아, 세월호 그거" 하더라고. 그러니까 한 사람은 멈칫하고 쳐다보기만 했는데, 한 사람은 그 이야기를 하더라고. "우리 회사 직원도 세월호 그 사람이 있는데, 이 일, 세월호 닥친 다음에 그냥 그만두더라, 일을". 근데 또 하는 이야기가 그래, 그 사람들 그 하는 이야기가, "그래, 돈을 받으니까, 보상을 받으니까 그거 가지고 먹고살려고 나가는 거야" 딱 그러는 거야. 그래 가지고 내가 한마디 던지려다가, 싸움 날 것 같아 가지고 속으로 이랬죠. '야, 일을 하고 싶어서 하는 줄 아냐 지금, 어? 억지로 어떻게든 끼워나가고 헤쳐나가고, 있는 애를 어떻게든 간수하고, 이걸 끝까지 하려고 일을 하는 거지, 돈 때문에 일을 그만두겠냐, 돈 [때문에?]'.

진짜 이 사건 이후는 일이 제대로 안 돼요, 사실은. 지금 제가 주로 다니는 게 영업과 납품업 그런 걸 같이 하고 있는데, 운전을 하고 그러는데 길을 가다가 엄한 길을 가고 있어요. IC[나들목]를 잘못 빠진 거야, 가다가. '어? 내가 여길 왜 왔지?' 그럼 다시 돌아가서 쫙 하고, 그런 게 한두 번이 아니고. 전에 같으면 스케줄이 하여튼 머릿속에 다 있어 가지고 한 2, 3일 동안 스케줄을 쫙 외우고 다녔는데, 요즘에는 하루 지나면 저녁에 머릿속에 다 텅 비었다고 그러나요? '내일 할 거는 뭐였지?'

그런 다음에 요즘 같은 경우에는 전화를, 우리는 전화를 많이 받다 보니까, 전에는 전화받으면 하루 일과가 쭉쭉쭉 이렇게 거래처 [만나서 이야기]하고 오면 '아, 이거 해달라 했더라'. 발주를 많이 받으니까는 그러는데, 요즘에는 전화받고 1, 2시간 지나면 잊어버리고 있는 거야. 그러면 그다음 날 그 사람한테 전화가 와갖고 "왜 안 와? 왜 안 해줘?" 그러면 "어? 그랬나요?" 그러면, 그런 경우가 지금 태반이고(한숨). 요즘에는 그냥, 옛날 같으면은 이건 자랑은 아닌데, 기본 단가라든가 기본 얼마 선, 얼마 선, 다 우리는 영업을 하니까 전화를 받고 얼마인지 알려주고, "성분에서 뭐, 뭐를 섞어서 어떻게 해야 한다"고 작업 이런 것도 알려주고 그러는데, 요즘에는 그런 기억이 다 없어진 거예요. 얼마 하면 "아, 그래? 얼마 선 갈 겁니다" 그러면 "아닌데?" 그 사람들이 대충 비슷한 걸 이야기하면 "아닌데?" 그러다가 그쪽에서 "아닌데?" 그러는 거예요. 옛날 같으면 근사치는, 정확하지 않아도 근사치에는 갔는데, 요즘에는 "아, 알아보고 다시 전화드릴게요" [하고], 차에는 뭘 또 PC 같은 게 없으니까 노트북이 없으니까, 사무실에 전화해 가지고 "야, 그거 얼만데? 얼마짜리예요?" 그러고 다시 또 전화해 주는 경우도 있고.

상당히 뇌가 많이 망가졌죠. 뇌가 많이 망가지고 분노 조절이 안 되고. 지금도 이야기하다 보면 막 성질만 급해진 거예요. 이 4·16 이후에 우리가 구조할 때 17, 18, 16일에 빨리빨리, 구조만 빨리했으면 몇 명이나 살았었고 구조만 했어도 안 죽었는데. 그런 트라우마에 있다 보니까 지금 또 뭐든지 빨리해야 되고, 빨리빨리 무슨 일을 진행하면, 빨리, 그게 머릿속에서 '빨리하지' 그러다 보니까, 지금 또 일이 지금 옛날 같은 머리가 아닌데 지금 막 꼬이는 거라. 빨리하느라고 [머릿속이] 섞여 있고, 또 누가 말할 때 빨리해야지만 [혹시] 내 말을 안 들어줄까 봐 그런 것도 있고. 그래서 지금, 하다 보면 목소리도 빨라지고 목소리가 커지고 말도 빨라지고, 발음도 시원치 않은 게 혀가 꼬일 때가 있어요. 이 트라우마가 정신적으로, 이게 천천히 하고 그래야 하는데 그게 또 하다 보면 안 되고, 그거를 알고 있으면서 자기 자신도 그렇게 된다는 게 참 이상한 거고. 머릿속이 하얘지는 거고.

그래서 요 사건 이후에 트라우마, "안산트라우마센터"를 "온마음[센터]" 가가지고 정신과 치료를 한 번 받았는데, 참 서운한 게, 의사가 하는 얘기가, 내 심정을 얘기하면서 "아, 지금 이렇다. 머리가 이래 갖고, 잠도 안 오고, 열흘 딱 지나고 분노 조절도 안 되고, 누가 보면, 누가 보면 큰일 날 것 같고, 다 믿을 수 없고, 죽이고 싶다. 아니면 내가 죽어도 관계없다. 그런 심정이다. 그리고 이거 지금 말하는 것도 문제가 많다. 내가 지금 언어 조절이 안 되고, 신체적으로 꼬이는 느낌도 들고 그런 게 있다" 그러니까, 또 [의사가] 하는 이야기가 "그러면 마음 놓고 그냥 다 지금 하는 것도 마음 놓고 하게 해라", "아, 이게 말이 빨라지고 언어 전달이 안 되는 걸 어떡합니까" 그러니까 그것도 "그냥 다 이야기하면 된다". 그래 가지고 속으로 '뭔 정신과가 이런 게 다 있냐', 아니 어떻게 하고 어떻게 하고 방법을 알려주고 [해야지], '아, 어, 할 때 천천히 해주시고, 생각 한 번 다시 하고, 이렇게 하면 고칠 수 있다'고 그런 방법을 나한테 알려줘야 하는데 치료 방법은 한 개도 안 알려주고, "얘기하고 싶을 때 이야기해라. 빨리하고 싶으면 빨리해라, 혀 꼬여도 관계없다, 있다 보면 된다", 이걸, 똑같은 이야기를 가져다 하니까 또 열이 팍 받더라고요. 그래 가지고 한 번 가고 안 갔어요, 그래 갖고.

86

예진 아빠 정종만

약을 처방을 해주는데, 잠 안 오는 것하고 정신적으로 분노 그런 약을 처방을 해준다는 거야. 그래서 처방전을 일주일 치를 주더라고요, 약을 딱. 그때를 저녁에 6시 반 넘어 갔으니까 저녁에 가니까 근처에 약국이 다 문을 달은 거야. 그래 갖고 한 군데 근처에서 약국에서 딱 처방전 주니까 "아, 이런 약은 없다. 주문해야 된다"[면서] 이틀이나 3일 뒤에 오라는 거야. 열이 받잖아요. 아니 그런 약이 없는 약을 왜 동네에다 처방을 해주냐, 정신과 의사가, 의사라는 사람이. 아니면 트라우마 이거 온마음센터가 정신과 의사였다면은 그런 약까지 보유하고 있든가 아니면 자기가 아는 약국에서 "이런 약이 다 있으니까 그리로 가세요" 지정을 해줘야 하는데, "아무 약국 가서 하면 된다" 그래 갖고 약국 가니까 "몇 가지 약은 있는데, 비슷한 약은 있는데, 똑같은 약은 없고 몇 가지는 아예 없다. 주문해야 된다" 그렇게 이야기를 하더라고. 우리 이틀에서 3일 걸린다고, 받고 3일 걸린다고 하더라고. 그래 갖고 '참 여기도 마찬가지로 썩었구나. 나라가 썩다 보니까 이거는 형식이다. 온마음센터는 형식이고, 이딴 데가 다 있냐', 그래 처방전을 찢어버리고 그 자리에서 됐다고 찢어버리고 안 갔어요. 그런 진짜….

우리도 4월 16일 날 세월호 날 때도, 그 지휘할 때도, 그 몇천 명 지휘할 때도 시스템이 진짜 일반 회사 이사, 과장급보다 못한 지시라고 하고 있는 게 나라였고. 어떻게 그 난리가 났는데 무전기 하나 없고, 네트워크 하나 없고, 핸드폰 하나 들고 지시하는 것도 잘못된 나라고. 배가 그래 큰 배가 꺼져가는데 왜 무선장비 하나 없고 지시 체계가 자기밖에 없어. 왜 밑에, 밑에 직원은 없고 지시 체계가 안 돌아가냐 그때부터 우리는 격분했었고, 4·16 끝난 다음에도 치료 과정도 개판이었고. 그러니까 우리는 지금, 2년 동안 다 믿지를 않고 있는 것이고.

전에도 한번 그런 이야기가 있을 거예요, 아마. 나는 '온마음'이랑 '이웃' 같은 사람들 싫어한다. 왜 싫어하고[하냐면], 처음에 여기 올 때 싫어했어요, 사람들이. 사실 여기를 나오는 사람들은 활동을 안 해요. 뒤에서 가족회의, 무조건 가족회의[를], 지금 우리가 볼 때는 일선, 이선 대가 나가고 있다고 이야기하는데, 그 사람들이 우리를 욕하고 있어요, 대책위에서 일하는 사람들을. 난 그랬어요. 그래 "욕하지 말고 네가 나와서 안건을 이야기하고, 네가 그러면 이야기하면 될 것 아니냐. 뒤에서 몇 명 모여서 욕하지 말고". 내가 안 나오는 사람들한테 물어봤어요, "왜 그럼, 거기서, 안 나오고 이렇게 말이 많냐" 이러니까 "내 의견하고 틀리기 때문에 안 된다. 나는 이렇게 하려고 하는데 얘네는 이렇게 한다" [하더라고요]. 그러면 "당신이 분과에 앉든지. 분과 자리를 해갖고, 어? 이런 의견을 주고 그 사람들을 설득시키면 될 것 아니냐? 너 방법이 틀렸으면 내 방법이 옳지 않냐, 그러면 두 가지 방법을 같이해 갖고 안산시에 이야기하든가 서울 가서 이야기해 보자". 서로 그런 방법을 안 하고, 집에 앉아갖고 활동하는 사람들 욕이나 하고. 뭐 다는 아니겠지만, 그중에 몇 명은 내가 직접 겪었으니까, 안 나오는 사람들한테 이야기를 듣고 하니까. "왜 그러면 네가 그렇게 가족 대책위를 욕을 하고, 누구를, 분과장을 욕을 하고, 우리 유가족을 욕을 하냐, 왜 하냐. 하기 싫으면 하지 말아라. 그러면 참견도 하지 말아라, 안 나오려면" 그런 이야기를 몇 번, 또 일 년 전 이야긴데 그때는 더 이런 마음이 아팠으니까 더 했겠죠, 나도. 더했겠지. '왜 자꾸 우리가 뭉쳐서도 안 되는 건데, 분열이 되어가는가' 그런 [안타까움에] 그래서(한숨).

지금도 보면은 백 몇 가정만 이렇게, 마음이야 다 250 가정 다, 마음은 똑같은 마음이겠죠. 자기 자식이 그랬는데 어느 누가 안 억울하고, 어느 누가 마음이 안 아프겠어요. '그런데 왜 화합이 안 되는가? 마음은 똑같지마는. 그런데 왜 뒤에서 욕을 하고 다닐까?' 나는 그런 생각을 참 우리 가족들한테 [말]하고 싶어요. 지금도 가족회의도 안 나오는 사람들이 많아요. 일주일에 한 번씩 하고 있는데, 안 나오는 사람도 많아요. 물론 사정이 있으면 안 나올 수 있어요. 그러면 자기 의견이 있으면 나와서 이야기를 하고, 자기 의견을 가져도 못 나오면은 메일로 주든가 편지를 주든가 전화를 하든가 하면 되는데, 무슨 일을 딱 하고, 누가 딱 집행을 한다고 하면은, 반발이 우… 해가지고 난리를 치니, 그게 바로 정부의 조작 아닌가 하는 거죠, 우리는. 그렇게 '아, 그러면 너네는 정부의 끄나풀이었구나' [하는 거죠].

5
온마음센터에 대한 아쉬움

면담자   그 아까 치료 과정이 엉망이었다고 말씀하셨는데, 그러면 그 일이 있고 나서 어떤 식으로, 트라우마 치료에 대해 어떻게 알게 되신 건지요?

예진 아빠   우리 3반에 당직이 있잖아요. 우리 반별로 당직 때가 있고, 당직 때 가면 처음에 또 가족들하고 이게 언성이 높아지다 보니까, 그럴 일도 아닌데 이 심각한 트라우마 같은 거 있죠. 언성이 높아지고 사람들이 무슨 이야기를 하면은, 내가 또 이 트라우마 때문에 사람 말을 듣지를 않고, 내가 자르고 커트를 하고 내가 끼어들어. 그러면 내 설득만 이야기해, 자꾸 내 이야기만 해. 그러니까 다 사람들이 싫어하는 거지, 당연히. 그걸 느끼다 보니까, 또 이렇게 술을 먹다 보면 성질이 나다 보니까 목소리 커지고 하다 보니까, 그런 것도 '아, 이러면 안 되겠구나' 느끼고.

그리고 신체적 변화가 많이 왔죠. 신체적 변화도, 잠 같은 것도 그렇고. 이 악몽이라든가, 자꾸 생각, 사람들이 잠을 못 자면 하는 그 생각, '아, 그때 이렇게 안 됐으면, 이렇게 됐을 텐데'. 아니면 아까도 이야기 했듯이 '구조가 이렇게 했고 나라가 이렇게 개판이다'. 좋게 나가면 '가족들한테 이러면 안 되지' 자꾸 이 생각을 하다 보니까 점점 심해지는 거야. 신체적으로 심각해지고. 그러니까 자꾸 이렇게 이야기하다가도 내 말이, 하다 보면 내 말이 틀린 걸 알아.

내가 떠들어놓고도 '아, 이러면 안 되는구나' 그래서 정신과를 한번 찾아가 본 거죠.

온마음센터에서 그런 심리치료를 한다 그러더라고. 그래 갖고 전화를 했죠. 그러니까 "와라" 그러더라고. 갔는데 그런 이야기를 하니까, 진짜 정신과 의사라는 사람이 그런 이야기를 하니까, 참 기가 차고, 약도 없는 약을 처방해 주고 약을 먹으라 그러고. 사실 약이 좋은 건 아니지만은, 약을 먹는다고 해결되는 것도 내 생각에는 아니지만, 의사는 맞다 그랬겠죠. 그 약을 먹는다고 내가 낫는 것도 아니고 사실. 그래서 약을 거부하고 찢어버리고 욕을 하면서 돌아섰죠. '이런 개 같은 나라, 똑같구나. 변함이 없구나'. 지금 또 온마음센터 같은 경우는 욕을 하는 건 아닌데, 가족들한테 다 해주고 있다는데 그런 게 있어요. 온마음센터만 가는 사람[만]이 온마음센터 스케줄만 알고 치료 과정이, 힐링 과정을 알아요. 그, 우리 분과에서, 심리[생계]분과에서 그런 걸 전달을 해주고 가족회의 때 알려줘야 되는데, 바쁘다 보니까 그런 것도 있겠지만. 물론 저번에 내가 쉽게 안 거는, 저번에 어디 가족끼리 몇 명, 한 40명 초청을 해서 레일바이크로 홍천인가 어딘가 놀러 갔다 그러더라고요. 그런데 나는 그걸 갔다 와서, 그 사람들 갔다 와서 알았어요.

면담자 모르셨던 거예요?

예진 아빠 예. 그런 게 있으면 공지를 붙이든가, 가족회의 때 어느 날 이렇게 할 테니까 일단 신청을 40명 가니까 선착순이다,

아니면 어떤 사람만, 심각한 사람만 40명, 티오[참여 가능 인원]가 40명이니까 빨리 접수해라, 그런 걸 공지를 해야 하는데, 공지도 하나도 없었고. 딸기밭 가는 것도, 여름에 딸기밭 가는 것도 나는 몰랐어요. 갔다 왔는데, 우리 애 엄마가 딸기밭 간다기에, 내가 가지 말라 했어요. 엄마들이 열두 명이 가고, 저쪽 딸기밭 간다고 그러더라고. "야, 그러면 거기를, 낮에 노는 사람하고, 실제로 다니거나 바쁜 사람은, 이걸 안 들여다보는 사람은, 그걸 모르는 것 아니냐? 너네만 끼리끼리 그룹별로 띄어[따로] 다니니까, 그걸 알아갖고 그걸 간다는 것 아니냐? 이건 잘못된 것 아니냐? 모든 행사가 있으면 공지를 올린 다음에, 몇 명까지 그러면 티오[참여 가능 인원]를 정해 가지고, 그리고 안 가더라도 알고는 있어야 할 것 아니냐?" 이게 온마음센터가 우리 유가족 때문에 생긴 것 아닙니까. 지금 트라우마센터라고 생긴 게, 치유 과정하고, 안산 우리 유가족, 생존자들 그것 때문에 생긴 건데. 아니, 진짜로 심각한 사람들은 안 나오거나, 진짜 마음 아파 갖고 못 나오고, 이것도 보기 싫은 사람도 있을 거야, 아마. 이거 자꾸 생각하면 더 미치는 사람도 있으니까. 그런 사람들은 전혀 모르고 활동 안 하고 놀러 다니고, 다니는 사람들만 그런 걸 공유해 갖고 자기네들끼리만 다니고 하고 있고, 그것도 참 잘못됐고. 아니 아파서 온, 그래 좋다 이거야, 왜 온마음센터는 우리가 무슨 큰 행사일 때마다 뭔 행사를 만드냐? 나는 그것도 이상해요. 우리가 광화문에 집중, 무슨 날이다 무슨 행사다, 아니면 뭘 할 때 진짜 우리는 투쟁이니까. 그럴 때 온마음센터가[행사가] 있

예진 아빠 정종만

어. 저희, 왜 그걸 꼭 그때 넣나 행사 일정을? 그것도 참 희한하고.

6
4·16 이후 친척들과의 관계 변화

면담자　　　아까, 가족분들하고 친척 분들하고 왕래가 적어지셨다고, 거의 없어지다시피 하셨다고 하셨는데, 그 전에는 잘 지내셨죠?

예진 아빠　　　그러믄요. 저희 집에서 제사를 지냈어요. 어머님 아버님 제사를 다 지냈고, 명절 때는 우리 애가 [가장 큰애니까] 다 동생들이지. 누나는 안산에 있고 동생들이 다 올라오고, 우리 집에 다 모여서 최소한 하루, 이틀은 먹고 자고 즐기고. 참, 생각나는 게, 명절 때 다 모이면, 예진이 같은 경우는 윷놀이 같은 것도 하고, 사촌들끼리 모이면 자기네끼리 모이면 바둑치기, 장기 같은 것 하고, 방에 들어가서 게임도 하고. 그러다가 그런 생각하다 보니까 내가 더 슬픈 거죠. 명절 때 같으면, 최소한 저기 사촌 조카들이 다 오니까. 그리고 우리 예진이를 참 좋아했어요. 남자애들도 그렇고, 여자들도 그렇고, 고모도 그렇고.

　　고모하고 예진이하고 거의 친구처럼 다정하게 장난말도 하고, 고모가 오면 "나 옷 사줘" 아니면 "용돈 줘" 그런 식으로 가까웠고. 그러면 고모는 "알았다", 명절 같은 경우는 "알았어" 그러고 [용돈]

주고 가고. 장난말로 그러면, "다음에 너 영월로 내려오면 네가 밥 사야 돼" 그런 식으로. 예진이 하고 우리 막내 동생하고는 참 너무 친했고, 우리 집에서 놀다시피 하고, 게임도 많이 하고. 이제는 옛날 같지 않고, 그렇지 않아요. 요즘에는 외식 시대가 발달하고 그러니까, 다 외[면 인원이 너무 많으]니까, 자기는 예진이 엄마[한테]도 미안하니까 "사 먹으러 나가자" 그러면, 예진이 엄마는 또 "야, 있는 거, 대충 고기 같은 것 먹고 저녁에 쉬엄쉬엄 놀다가 나가자" 그런 식으로 해갖고, 그런 식으로 참 재미있었어요, 게임도 하고. 알다시피 어쩔 때는 고스톱도 한번 하면서 애들 용돈도 주고, 조카들 용돈도 주고, 개도 주고 가고. 돈을 따 가는 게 아니고, 그런 걸 모아서 애들한테 다 해주고.

저희 예진이 같은 경우는, 졸업한다거나 입학한다고 그러면은 고모한테 전화해서, 우리들 몰래, 고모한테 자기네들끼리 문자해 갖고 "가방 좀 사줘" 그리고, 엄마한테 걸리면 난리 나죠. 예진이 엄마 같으면 "야, 네가 뭔데 전화해 가지고! 가방이 여기 몇 개인데!" 그런 식으로 하다 보면, 또 고모 같은 경우는 "아, 괜찮다"고. 우리 가족이 다 화목하고 다 괜찮았어요, 그냥. 지금 또 내 동생들은 우리 뜻을, 우리 집에서 다 제사 지내던 내 뜻을 다 받아주고 싸움 같은 것을 안 하니까, 안 하고. 그러니까 애들도 다, 조카들 만나면 자기네들끼리 재미있고 즐기고 놀고. 서로 그러고. 서로 조카들 모이면 세배 용돈 받으려고, 세뱃돈 받으려고 먼저 빨리한다고 그러고. 참 그런 게 좋잖아요, 그런 게, 서로 등한시하는 것보다.

그런 걸 보다 보니까… 벌써 재미있게 놀고, 참 잘 놀았던 게 눈물밖에 안 나는 거죠, [예진이가] 없으니까.

한때는 ○○이가 그런 이야기를 하더라고요. '우리 ○○이 때문에도 안 되겠다' 해갖고 그런 생각도 많이 했어요. ○○이가 "와, 이제는 가족들 보고 싶다. 삼촌들도 보고 싶다. 고모들도 왜 안 오지?" 그런 이야기를 하더라고. 저는 아무 말도 못 하고 예진이 엄마가 속으로 나한테 그러는 거야. "아, 쟤 때문에 안 되겠다", 이제야 또. 나는 그랬어요, "나는 마음은 아프지만, 나는 괜찮다. 예진 엄마가 괜찮다면 [친척들을] 만나라". 그, 이런 사고 나면은 가족도 같이 욕하게 되잖아요, 진짜 같이 욕하게 되잖아, 다 죽일 놈 되는 거지. 우리 예진이 엄마가, 같이 술 한 잔 먹으면 싸우는 게 그거예요. 예진 엄마도 마음이 더하지 나보다, 자기가 낳은 앤데, 자기가 기르고 애지중지하던 앤데, 더하죠 나보다. 〈비공개〉

○○이가 그런 이야기를 할 때가 있었어요. "아, 보고 싶다. 왜 안 오지. 보고 싶다", 그런 이야기를 해갖고, 그런데 이제는 차마 내가 가지를 못하겠더라고요. 전화도 못 하게 되고. 오게 되면은 내가 우리 가족들도, 친척들한테도 그랬어요. "이 일이 다 마무리가 되면 찾아라. 우리 애들 아직도 영결식도 안 끝나고, 미수습자들도 안 나왔고 졸업도 안 했고, 추모공원도 안 됐고, 추모된 것도 하나도 없고, 인양도 안 됐고, 진실도 안 밝혀졌다. 된 게 하나도 없는데…. 내가 아직까지 나는 상중이다. 그런데 내가 무슨 기분으로 너희를 만나고 떠들고 하겠냐. 너희 만날 자신도 없고, 나는 내

가 죄인이 된 기분이라 너희를 만날 그것도 못되고, 자식을 먼저 죽였는데 내가 어떻게 너희를 만나서 놀겠냐…".

(한숨) 우리 사촌들, 저희네 사촌들, 우리 아버지 형제가 5형제 인데 사촌들하고 모임을, 모임이 또 있어요. 여름에 일 년에 한두 번씩 가족 다 같이 모여서 놀러 가요. 또 여름에 한 번 모이고 겨울 에 모이고, 중간에는 애들 따로 오려면 따로 와야 되고, 가족들이 다 오는 조건인데, 정기적으로는 일 년에 두 번은 전 가족이 다 모 여서 콘도를 빌리든지 바닷가를 간다든지 1박 하고, 밥 먹고, 저녁 에 술 먹고 고기 구워 먹고, 아침에 밥 먹고 올라오는 과정이 1년에 딱 두 번 있고, 그 외에는 분기별로 모이는데, 그때는 참석을 못 해 도 50퍼센트는 따로 내고, 엄마, 아빠가 같이 오면 좋은데 못 올 경 우는 한 집에 한 명씩은 모이자. 그리고 1년에 한 네 번 내지 다섯 번은 사촌끼리 모여요.

그래서 내가 거기서 총무를 맡았는데, 그것도 지금 무산될 위 기까지 있고. 그래 가지고 내가, 우리 사촌형한테, "회장한테 계좌 번호를 줘라. 지금 내가 모든 것 다 잊고, 장부를 다 주겠다" 그러 니까 거기서 "돈이 지금 중요한 게 아니라, 네가 마음이 있으면 계 속 이어서 해라" 그래 갖고 그랬어요. 전화를 못 하고 문자로 하고 그래요. 전화 오면 전화를 못 받으니까, 눈물부터 나고 목소리부터 틀려지니까. "가급적, 급한 것 없으면 문자를 해달라, 그러면 여기 에 대한 정보는 다 주겠다. 그리고 끝날 때, 작년에 그러니까 4월 달, 5월 달에 장부하고 돈 이만큼 남았으니까 알고는 있어라. 그다음부터 너네끼리 모은 건 너네끼리 해라. 내 것은 다 여기 해가지고, 입금, 회비는 입금 시키겠다". 그런데 그것까지 안 나오고 자기네들끼리 일단 하고 있다 그러더라고요, 더 이상 안 물어봤고. 지금 장부하고 내 통장이었으니까 장부하고 내 회비 맨날 빠지고, 그리로 들어가 있고. 일이 조금이라도 진짜, 진실이 조금이라도 벗겨지고, 애들 지금 안정화되고, 교실 문제 존치되고, 미수습자 다 올라오고, 하나하나 풀어가면은 다시 가족하고 만나야죠, 안 만날 수가 없으니까. 그런데 지금 나라 하는 꼬락서니가 개판이다 보니까, 더러운 나라가 됐으니까, 그것도 언제 될지 모르겠고, 참 갑갑한 일이고….

저희도 나라에서 하는 이야기처럼, 진짜 묻고, 아니면 조금 나아진, 옛날보다 나아지게 생활하면 좋아요, 저희도 하고 싶고, 사람인지라. 그런데 지금 그거마저도 못 하게 하고 있고, 못 하게 하고 있고, 지금도. 지금도 거짓을 하고 있고. 지금 인양을 작년, 알다시피 인양을 10월 달에 중지한다고 하다가 계속하고 있잖아요. 지금 대선 총알이니 총선 총알이니 하고 있는데, 그것도 미지수고. 왜 투명하게 하지 못하게 하는가, 진짜로 그렇게 했으면, 아니 어느 선까지는 알려줘야 하는데 왜 투명하지 못한가. 그것도 저희는, 또 계속 속았는지는 알고 있어요.

그런데 바람이 있다면 '너네가, 진짜 국가가 인간적인 면이 0.1퍼센트만 있다고 해도 그렇게 하면 안 된다. 아무리 사건이 났지만 수습할 것은 수습해라. 이게 자꾸 묻으려고 하고 감추려고 해서 될

일이 아니다. 사람이 몇십 명 죽어[난 일이라면]야 소수라고 묻어가
지마는, 이건 200명, 300명[의] 일이고, 우리 말고도 옆에 지켜보는
분들도 가만있지 않을 것이다' 옛날같이 정보가 없거나 아무것도
없는 시대에 사는 것 같으면, 돈을 준다든가 끝나고 덮으면 끝나지
마는, 벌써 지금 밖에 있는 자료만 해도, 애들 갖고 있는 핸드폰이
라든가, 증언이라든가, 그 허술한 증언이라든가, 국정감사, 자기네
들끼리 짜고 하는 국정감사지만 거기 나온 것도 어마어마한 자료
이고, 그것만 가지고도 충분히 흔들 수 있는 것이고. 그런데 자꾸
묻으려고 그러고, 덮으려고 그러고, 우리를 없애려고 그러면 되나.
그게 안 되니까 그것 될 때까지 저희는, 저는 끝까지 할 것이고요.
그렇게 안 하면 내 자식이 너무 억울하죠.

7
특조위 청문회 관련

면담자   이번에 최근에 그 청문회 있었잖아요, 그것 보면서
어떤 생각이 드셨는지요?

예진 아빠   저는 청문회 보면서, 물론 [청문회] 해야죠, 하는데,
'아 똑같구나…'. 물론 저희 같은 입장은, 충분한 답은 못 얻었지만
청문회를 했다는 것 자체도 대단한 것이고, 이 정권에서 했다는 건
대단하고. 그 대신 더 약간 그런 것은, 왜 언론은 크게 한 번도 안

나가고, 작은, 우리 진짜 도와주는 작은 TV만[언론사만] 몇 개만 틀어놓고 나왔는가. 언론도 다 썩었고, 그러니까 아까 내가 MBC도 이런 것도 그날 [보도를] 그렇게 했지만, 왜 자꾸 말을 한마디 안 하고 덮으려고 하고 왜 누구 지시인지… 그렇게 무섭겠죠. 사실 법이 무섭고 권력이 무서우니까, 자기도 먹고살아야 되니까, 한 번에 혹 가니까 발표를 못 하는 것이고, 방송에서 이야기 못 하는 것이고. 마음은 똑같겠죠. 이 방송이나 언론사들도 양심은 있겠죠.

물론 지금 방송 3사 업계가 우리나라[에서] 3사가 제일 크고 그 다음에 YTN 뭐 다 있지만은, 4월 16일부터 해가지고 자료가 무궁무진 할 겁니다, 아마, 현실 자체만 꺼내봐도. 그날 행태와 그날 찍은 것하고. 벌써 애네들 동거차도를 16일 날 가서 다 찍은 것이고, 16일부터 해갖고 20 며칠까지 다 찍은 애들이고, 헬기를 타고 몇 번을 돈 애들이니까 [자료가] 있을 겁니다, 분명히. 그런데 그걸 못 꺼내는 것도 외압이겠죠, 외압이고. 우리는 그럴수록 더 청문회를 보고 '거짓이 진짜 거짓이 거짓말인데, 너희가 거짓을 인정하는 것 보니까 진짜로 거짓이구나. 이건 말이 안 되는구나' 그렇게 믿고 있습니다, 청문회를.

물론 2차 청문회가 남아 있고 특검까지를 우리는 바라보고 있는데, 거기서 그럴 만한… 거기서 조금 힘을 얻어야죠. 그 정도 가지고 물론 크게는 안 되겠지마는 그래도 그 자료를 가지고, 우리가 안 되면 다음 세대까지도 자료를 보여주고 "너희 형제자매 것이다. 너네 일이다"[라고 해야겠죠].

물론 '이걸 물려주지 말고 우리 대에서 끝나면 얼마나 좋을까', 저는 그렇게 생각하고 있어요. 그래 갖고 육십, 칠십 먹어도, 그 전에만 조금만 안다 해도 뭐라 그럴까, '내일모레 죽을 것이라도 여한이 없겠다. 그러면 진짜 누구 말대로 만세를 한번 불러 보겠다' 그런 생각도 맨날 해요. 그게 쉽지 않겠죠, 쉬울 것 같으면 얘네가 저지르질 않았겠지. 그래서 저는 항상 청문회를 보는 경험은 '아, 청문회는 다 거짓말인지 알고 있다. 그래, 너희가 끝까지 거짓말을 한다면 너희가 거짓말을 인정을 한 것이다. 응, 그래 잘됐다. 계속 너희가 거짓을 인정해라. 그럴수록 더 의문은 더 커진다'.

그 김동수 씨가 [증언]할 때 이야기 봤죠? 오죽하면 그랬는가. 그 사람이 분명히 있다 했는데, 그 옆에서 한 놈은 구해주겠다 해놓고 [이제] 와서는 모른다고. 그러니 산증인이 있는데도 그러는데, 우리 세대에 끝나고 산증인이 없다면 걔네가 더 마음 놓고 거짓을 하지 않을까. 그래서 우리는 자꾸 이 자료를, 저희도 수집하는 것도 저기 많고 하니까 자꾸 알리고 하는 것밖에 없고, 피케팅을 하는 이유도 바로 그거예요. 안 하고 멈추면 이게 자꾸 무뎌지고 없어져 버리고, 세월만 지나면 사람들 생각에서 멀어지니까. 마음도 눈에 안 보이면 더하겠죠, 일반 시민들도. 그럴수록 우리는 자꾸 나가서 욕을 먹더라도, 들고 서 있고, 외치고, 서명받고… 할 겁니다.

예진 아빠 정종만

8
지난 2년간 가장 기억에 남는 것

면담자 참사 후 이제 2년이 다 되어가는데, 가장 기억에 나는 일화들이 있다면 어떤 것이 있으신지, 참여하셨던 활동도 괜찮고요.

예진 아빠 일화… 일화가 있겠습니까? 일화 같은 것은 별로 없고.

면담자 사건이나 엄청나게 많은 일들이 있었잖아요. 특별히 기억나시는 게 있으면 말씀해 주세요.

예진 아빠 갑자기 또 막막해지네(웃음). 사실, 우리 같은 경우는 특별법 할 때 국회 가서 노숙할 때하고, 거기 나와서 나는 청운동 갈 때 저는 내려와 있고, 내려와서 그 국회에서 할 때 조금 노숙을 했었고. 그 행진, 도보 행진 같은 것은 예진이 엄마가 많이 했고. 그때부터는 내가 회사를 나가가지고. 그 대신 주말이라든가 저번에 며칠날, 1박 2일 [도보 행진] 할 때 토요일 같은 경우 했고, 팽목 행사도 가끔씩 주말에는 가고 그랬어요. 팽목 행사를 가면, 거기 가면 더 눈물 나죠, 더 마음 아프고. 12월 셋째 주인가, 둘째 주에 팽목을 또 한 번 갔다 왔는데 도저히… 그래서 분향소[팽목항분향소]에 들어가서 저녁에 소주 한잔 먹고 나왔는데… 미치겠더라고요. 바다만 보면 지금도 미치죠… 왜 그랬는가… 보고 싶고… 그냥 눈물이 계속 나는 거죠(한숨). 팽목 가서 동거차도는 안 들어가 봤는데 동거차도를 보면, 애들만 나왔으면 살 [수 있는] 거리였는데, 구명조끼를 입었으면 파도에 밀려 나올 거린데… 더 미치죠. 그 거리를 못 나온 게 미치고… 우리 예진이 같은 경우는 그 배 4층에서 한 5미터, 한 20미터, 뭐 3분 거리도 안 됐으니까. 문 앞에 있다고, 헬기가 보인다고 그랬는데, 통화할 때 "헬기가, 헬기가 있어" 그랬는데. 그걸 구조가 되는 줄 알았죠. 그것만 생각하면 또 미치죠. 그때 MBC에 내가 전화할 때가 아니고, 예진이하고 빨리 통화해서 어디냐고 물어봤어야 했는데. 진짜 구조가 되는 줄 알았었고, 진짜 우리나라가 좋은 나라인 줄 알았는데 이렇게 다 정말 나쁜 나라고. 지금 2년 가까이 넘어가고 있는데 더 진실하게 나쁜 나라고. 아주 못된 나라입니다, 나라가.

면담자　　　그때 노숙하셨을 때 기억나시는 게 있나요? 오래되긴 해서.

예진 아빠　　　기억나는 건 없고, 맨날 걔네가 들어가 가지고 박영선 의원이나 들어가서 합의 본 거 3차까지 파기하고, 그럼 뭐 미치고. 박근혜가 [국회에] 왔을 때 들여다보지를 않고 지나가는 것하고. 처음에 [얘기]할 때는 "여한 없게 해주겠다" 쇼를 다 하고, "이 사건은 내 잘못이었다" 다 자기가 떠들고 손수 "수습하겠다" 해놓고 한 개도 안 하고. 그리고 국회에 있을 때, 쳐다보지도 않고, 8월 십 며칟날이죠? 그때가 15일 넘었죠. 쳐다보지도 않고 가고 있고.

그런 게 어떻게 인간일까… 그거는 대통령 자격도 없고요, 자기 아버지 죽은 트라우마로 해갖고 사람을 죽이려고 그러는, 그 트라우마 정신병자입니다, 정신병자.

　그때가 600일, 500일 때인가? 5월 1일 날 우리가 거기 올라갔죠, 서울에 광화문 올라갔을 때. 1박 2일로 길가에 잡혀가지고 광화문 현판까지 가지도 못하고, 길가에 갇혀가지고 1박 2일 동안 했고, 그때 2일 날 행사하고 내려오는데, 행사. 기어코 저녁에 어떻게 대충 마무리하고 양쪽으로 가둬놓고, 경찰들이 가둬놓고. 이 우리가 시위할 때, 우리가 점거하고 우리가 막은 게 아니고 경찰이 다 막고 지네가 조작을 한 겁니다. 우리는 인도로 가려고 했는데 못 가게 막았고, 길을 건너려고 하면 자기네들이 포획을 해서 길을 중간에 다 걔네가 막고 있었고. 우리는 안 한다고 했는데, 자기네가 다 전세 버스를 치우고, 자기네들이 다 [버스로 벽을] 친 거고. 우리의 울분을 격분하게 해갖고 우리를 넘어뜨리려고 하는 것이고. 우리가 뭐라 했어요, 광화문까지 간다고 했어요. 서울시청에서 광화문까지 간다고 했는데도, 광화문까지도 못하게 했고. 우리 보러 간다고 하는 것도 허가를 달라고 그러는데 못 가게 했고, 그래 놓고 길 가운데 가둬놓고 불법 시위라고 하고. 그거는 국가가, 그런 국가는 없죠. 우리가 시위꾼이 아니고 국가가 시위꾼이고 난봉꾼이죠. 왜 길을 가려는 사람을 길을 막아가지고 못 가게 하고, 무슨 권리로. 인도로 가려고 하려고 하는데 못 가게 막아놓고, 길가를 막아놓고. 길을 막으니까 우리는 길을 못 가게 하니까 주저앉았고.

집에도 못 가게 하고. 참 그런 경험이 있어요. 광화문에서 "나는 집에 가겠다" 그러면 "광화문까지 안 가고 나는 전철 타고 가겠다" 그랬는데 안 보내주고 있더라고, 가둬놓고. 그런 생각만 하면 성질나죠, 우리나라에서.

면담자　　　그때 예전에 그 영정 사진 들고 순례하셨던 것도 참여하신 것으로 알고 있는데요.

예진 아빠　　아, 저는 토요일 날 갔다가 일요일 날 아침에, 토요일 날 저녁에 저기서 체육관… 아, 그때가 순례인가요?

면담자　　　네. 행진, 도보 행진.

예진 아빠　　1박 2일 청와대 저기 광화문 올라갈 때인가? 거기 그때 저는 토요일 날 오고, 그때가 금요일인가 토요일인가, 기억이 잘 안 나네.

면담자　　　네, 요일은 저도….

예진 아빠　　저녁에 가서 갔다가 그다음 날 아침에 비도 맞고, 여의도 가서 밥 먹고, 여의도공원에 가서 밥 먹고 광화문까지 갔죠. 서울시청에서 갔지, 갔고. 그때는 눈물 났죠. 애 사진 끌어안고 간다는 것 자체도 참 비참하고, '내가 왜 진짜 이래야 되는가', 그런데 이럴 수밖에 없다. 그리고 우리 애, 예진이 사진, 비 맞을까 봐 비닐봉지 씌워갖고 들고 다니고, 가슴에 안고 다니고……(한숨).

면담자　　　그때는 저지하는 사람들은 없었나요?

예진 아빠　　그때까지는 크게까지는 없었어요. 크게까지는 없고… 그때는 크게 저지는 안 했어요, 저지는 안 하고, 항상 그것보다 더 큰일을 봤으니까 저지를 하든지 해도 그때는 죽기 살기로 '마음대로 해라' 이제는 그런 심정이에요. 그렇게 크게 저지받았다는 생각은… 그때는 기억이 잘 안 나요. 또 거기까지 올라가서 서울시청까지 올라갔고, 광화문까지 갔나? 내려왔는지 어땠는지 기억이 안 나네. 기억이 안 나는데 잘 내려왔나 모르겠네(웃음).

면담자　　그 교실 존치 관련해서 지금 한창 활동하고 계시는데, 그것에 대해서 어떻게 생각하시는지요?

예진 아빠　　당연히 저 같은 경우는요, 교실이 존치되어야 된다고 보고 있는 이유가, 지금 이게 인양이 되고 미수습자가 다 올라오고 하면은 분향소가 없어질 것이고 애들 자취가 다 사라지잖아요. 그런데 남는 것은 애들 뼈밖에 없고 그 추모관밖에 없잖아요. 단원고야말로 그냥 그때 4월 15일 날 뛰어놀던 곳, 4월 15일까지 놀던 곳이고, 애들 목소리 들리는 곳이고, 애들이 앉아 있던 곳이고 교육을 받던 곳인데, 그것마저 없으면은 의미가 없잖아요, 애들을 보내는 의미도 없고. 물론 기록의 박물관이라고 해가지고 만들겠지만은. '집을 [옮겨] 가서, 이사 가서 고쳐서 옮기는 것보다 옛날 집 그대로, 그 자리로 멈춰, 이 자리가 보존하는 것이 중요한 것이지, 이걸 뜯어고치고 옮기고 그러면 교실 의미가 무슨 필요가 있는가' 그런 생각을 해요. 물론 기왕에 전시관을 지어가지고 교실 열

개를 가져다 놓고 의자를 가져다 놓는다고 하면은 그 말도 맞겠지마는. 저 같은 소견으로는 '어차피 그것을 지을 거면 교실로 활용하고, 그것을 남겨놓으면, 그 자리 생생한 자리고 산 교육의 자리인데 그래야 더 의미 있지 않나', 그래 단원고 교실을 적극적으로 추진하는 것이고요, 했으면 좋고요, 해야 되고.

지금도 분향소 들어가 보면 눈물 나지만, 사진만 보면 눈물 나지만, 교실 가면 더해요. 교실에 예진이 자리 앉으면은 더 미치죠 (헛웃음). (눈물을 훔침) 앉은 자리하고 그 앞에 있는 것, 교실만 교실 문 앞에만 가도 애들 목소리 들리고, 뛰어노는 목소리 같고. 우리 정예진하고 애들, 예은이, 예슬이 같은 애들 뛰어노는 비디오 보셨나 모르겠는데, 비디오도 있는데, 그렇게 애들이 놀던 모습이 선하니까. '벚꽃[엔딩]' 버스커[버스커] 그 노래 부르면서 밖에서 뛰어놀던 것하고 영상이 다 있고 그런 것 보면 미치는 건데, 그 교실이 꼭 그 교실에서 애들이 놀았던 곳인데. 그마저 없어지면 망각이, 다 지워지는 거죠. 그래서 존치를 해야 한다고 보는 것이고요.

존치를 안 해주면 참 어떡하나 그런 생각도 많이 해요. 그래도 해야겠다고 하고, 우리가 해야겠다고 지금 나서는 것이고 끝까지 사수해야겠다, 이것만큼은. 지금 우리가 얻은 것은 한 개도 없다, 2년 동안. 우리가 특별법이 잘 돼갖고, 수사 기소권이 없는 특별법[은] 그 종이 때가리[쪼가리] 같고, 청문회도 개판 됐고, 물론 특검을 한다 해도 구속력 자체가 없고. 그렇다고 인양이 빨리 되어가지고 애들이 빨리 정리된 것도 아니고, 미수습자 애들이 다 올라온 것도

106

예진 아빠 정종만

아니고. 정리된 것도 없는데 교실을 없앤다는 것은 그건 참 문제 아니냐. 하나하나 된 다음에 이걸로 우리하고 합의를 봐야지, 교실을 어떻게 없애든가 졸업을 하든가 해야지. 해준 것은 하나도 없는데, 기초부터 하나도 해준 것이 없는데 처음 애초부터 없애버리려 하면 참 문제가 많죠. 그러니까 바로 교육청 산 교육이라 하면서, 안산 단원고를 혁신교라고 만들고 떠들고 있으면서도, 그걸 지우려고 하는 것은 잘못이고.

　지금 오히려 다른 학교 애들은 더 부각을 시키고 있는데 리본을 달고, 어? 그런 것을 만들려고 애쓰고 학생들한테 교육을 시키고 있는데, 지금 안산에 단원고라든가 안산 학교 애들 학교 선생님들이 문제지, 전교조 열심히 하는 사람도 있지만은. 단원고 같은 경우는 자꾸 지우려고 하잖아요, 이 사건을. 왜 그럴까? 다른 학교는 더 부각을 시키고 학생들이 더 찾아 와가지고 생각을 하고 그러는 생각을 하고 있는데, 단원고만 유독 없애려고 그러고, 졸업을 하는지 안 하는지 우리한테 [알려주고] 그것도 없고, 학부모에 총회에 갔더마는 유가족 명단은 하나도 없고 자기네 생존자 가족 명단만 있고. 학교 위원장이라는 놈은 엄한 소리만 해쌓고, 우리가 잘못이라고 그러고 있고. 그게 참 단원고에, 그래 놓고 단원고는 그렇게 자기네들이 나쁜 짓을 하고 다니고, 학생을 가르치는 선생이고 학교에서 그런 나쁜 짓을 하고 있으면서 우리한테 양보해라, 우리가 참아라 그러면 말이 안 되는 거죠. 그게 참을 일도 양보할 일도 아니고. 간단히 해결 방법이, 해결 방법을, 자기네들한테 해결 방법을 우리가 줘도 안 하면서 왜 자기네 고집만 고수하고 있는가.

물론 요즘 특수반 해가지고 삼십 몇 명 받는다고 이십 몇 명을 적어 내라고 그러는데 교실당 두세 명씩 늘리든가, 아니면 지금 대안을 내긴 내봤다고 이야기를 하는데, 뉴스에서는 교장실이나 교무실 컨테이너로 빼고 일단 존치를 하겠다 하는데 [그건] 차후 문제지. 왜 그러냐면, 임시방편 아니냐, 차후에 방법을 계속 갈 방법을 교육청이 생각을 해야 되지 않냐, 돈은 100억, 200억 있다고 이야기를 하면서 왜 안 하느냐. 그리고 엄한 이야기로 "2년 동안 옮기고 그쪽으로 옮겨주겠다" 그러면 2년 동안 무슨 일이 벌어지고 안 옮겨주면 어떻게 할 건가, 무슨 각서를 쓰고 한다는 이야긴 들었어요, "각서를 쓰고 책임지고 하겠다". 그런데 아니 지금 정치하는 놈들도 "나 몰라, 나 그만이야" 퇴직하면, 그만두면, 발령 나면 땡인데. 없으면 땡인데 누가 해줄 것이냐, 어떻게 우리가 2년 싸웠는데 안 싸우는 법 없다 이거지. 그리고 당연히 그걸 떠나서 당연히 존치가 맞는 것이고요. 당연히 우리 애들 있던 곳이고, 재학생이나 모르는 사람들은 "너희 욕심이다" 하는데 '우리가 욕심 부리는 게 뭐 있냐, 애가, 우리 자식이 죽었는데 무슨 욕심이냐. 그런 게 그것을 교실 몇 개를 가지고 우리보고 욕심이라고 하면, 교육부나 학교는 그러면, 왜 너희가 더 나쁜 놈들[이지], 더 나쁜 고집을 하고 있지 않느냐, 우리보다 나쁘다고 하지만 너네부터 생각해라' 그런 생각이 들어요.

그래서 그것도 존치해야 되고요, 빨리 인양이 되고 진실이 밝혀지고 미수습자들이 빨리 와야 되는 것이 맞는 것이고. 그럼 우리 같은 경우도 졸업식? 명예 졸업식? 안 하면 어때, 앨범 없으면 어때. 애가 없는데. 일단 근본적으로 미수습자 먼저 애를 [찾아야지]. 지금 못 돌아온 애들[이] 네 명이고, 선생님 두 명 또 못 돌아왔어요, 안 돌아왔어요. 그런데 무슨 졸업이 중요하고 앨범이 중요해. 지금은 우리도 희생자이지만은 미수습자들은 더 마음 아프잖아요. 더 미치죠. 우리는 지금 우리 애들 뼈만 봐도 눈물 나는데, 걔네는 만져보지도 못하고, 없는데. 더 미치죠. 그래서 우리도 소수지만은 졸업 안 하고 당연히 존치하고. 명예 졸업? 필요 없어요. 미수습자 애들만 빨리 해주고 해결해라, 그게 더 중요하지 졸업이 중요하냐. 그 단원고도 참 못됐어요. 졸업을 한다는데, 우리한테, 희생자 가족들한테는 알리지도 않죠, 언제 졸업한다는 걸 공지도 하나 없었어요. 며칠에 졸업하는지도 몰라요.

면담자 　　앨범은 만든다고 들었는데요.

예진 아빠 　　앨범은 지금 만들었어요. 만들고 있는데, 그것도 다 수령 거부를 했어요, 지금요. 명예 졸업도 필요 없다, 앨범도 필요 없다, 미수습자만 다 올라오면 그때 생각하자, 미수습자 올라온 다음에 졸업을 하든지 앨범을 가져가든지 그때 하자 그래 갖고.

면담자 　　그러면 지금 졸업 안 하기로 일단은 하신 건가요?

예진 아빠 　　네, 저희는 참석을 안 하기로 했습니다. 참석을 안 하고 인정도 안 하겠다.

면담자   단원고 측에서는 어떻게 하고 있나요?

예진 아빠   단원고 측에서는 아무, 저희한테 한 게 없죠. 그런 나쁜 학교죠, 그러니까. 우리는 저 생존자 애들이 있으니까 당연히 축하하고 마땅히 너네는 [졸업]해야 되고. 우리는 뭐라 못 하겠다. 우리 유가족 쪽에는 명예 졸업 안 하고 참석을 안 하고, "그럼 너네는 너네 어차피 축복을 받아 축하해야 되고 졸업해야 되니까 너네는 해라. 그건 탓을 안 하겠다" 그런 이야기를 했고요, 저희 쪽에서는, "교실 존치 문제가 확실히 안 되고 미수습자 문제가 확실히 안 되면은, 우리는 모든 것을 단원고하고 거부하겠다. 그런 문제를 너네는 약속을 한 개도 안 지키면서 우리보고 같이 하자는 이야기는 용납할 수 없다" 어차피 가족대책위에서 그렇게 나왔습니다.

면담자   간담회 여러 군데 참여하셨지 않아요? 기억나는 간담회가 있으신지, 또 간담회에서 사람들의 반응은 어땠어요?

예진 아빠   근래에는 〈나쁜 나라〉 간담회를 한 번 갔다, 부산에 갔다 왔어요. 예슬 아빠하고 갔다 왔는데 참 반응이 좋더라고요. 그 자리가 한 100석 되는데 104명인가 110명 들어왔는데.

면담자   어디서 했어요?

예진 아빠   부산 국도극장. 거기서 했는데, 이 사람이 많이 오니까 떨리는 것도 있지만 뿌듯하더라고요. 벌써 아 이 그쪽, 보수라 그러나요? 부산이나 대구 쪽 사람들도 많이 왔더라고요. 특히 부산은 더할 텐데, 작은 극장인데도 100명 이상이 왔으니까. 거의 영화를 보면서 울다시피 하니까. 저희도 눈물이 나는 거고. 우리는 기껏 그 〈나쁜 나라〉 내용이 특별법 그것 때문에 한 거잖아요. 겨우 따낸 게 수사 기소 없는 특별법을 만들어가지고 특조위를 만든 것밖에 없는데도, 그걸 보고 사람들이 인정한다는 걸 보면… 고맙고. 특히 전교조 같은 경우는 간담회 하면, 저쪽 갔다 왔는데 거기 어디지, 의정부? 어디지… 서울 밑에 어디지, 구리 지나서 어디지, 모르겠네… 하여간 거기를 선생님들 나와서 하고 계신데 가가지고 피켓도 하고 간담회를 한 번 했었고요. 하니까 거기도 다 우리하고 똑같은 마음이고. 그래서 간담회를 한 번씩 갔다 오면은 뿌듯? 이렇게 활력소가 된다 그러나요? 내가 처져 있던 게, '아, 그래도 아직까지는 위로해 주고 믿어주고 같이해 주는 이들이 있구나' 그런 생각을 많이 하고 많은 힘을 받고 와요, 갔다 오면. 좋다는 생각을 해요. 자꾸 기회가 되면 한 번씩 더 가려고 그러는데, 그러니까 주말에 이거저거 끼다 보니까 못 가고, 가려면 예진이 엄마보고 가라, 스케줄이 없으면 가라고 그래서 우리 예진이 엄마가 많이 댕기고. 예진이 엄마는 '이거는 우리 일이고 우리 애기들 다 일이고, 예진이를 봐서 더 가야 되고, 친구들을 위해서 더해줘야 되고'[라고 생각해요]. 진실을 알려야 되니까.

면담자   간담회 가서 질문 같은 게 들어오잖아요, 시민분들한테. 기억에 남는 질문이 있으셨어요?

예진 아빠　　　질문은 어떤 학생이 그러는데, "왜 여기 유가족 어 저기 학생들만 이렇게 자꾸 외치고 학생들만 부각되고 그러느냐, 인천 [일반인 희생자] 시민도 있고 그러는데 왜 그 사람들은 가만히 있는데, 왜 단원고 쪽에만 이렇게 교실 문제나 이거 자꾸 간담회라든가 이렇게 진실을 이야기하냐? 일반 시민들은 단 한 번도 못 봤다, 이야기를 못 들었다, 인천 쪽 이런 곳 피켓 하는 것도 못 봤고 인천 쪽에는 소수지만 크게 하지 않는데 안산 쪽만 이렇게 다들 나와서 난리냐?" 그 이야기를 하더라고요, 질문을. 〈비공개〉 [그래서 제가] "그쪽에는 별로 활동을 안 한다. 여기는, 우리는 내 자식이기 때문에 활동하러 나온 거다. 그것 때문에 부각이 되고, 영화도 나오고, 이게 안산에 이슈가 되는 것이다"[라고 답했죠]. 그런 질문도 있었고요. 기억이, 그때 한 이야기는 많은데 또 딱 기억은 안 나고, 주로 가면 피켓 이야기나 그런 이야기하고. 왜 이렇게 되는가 하는 이야기 그런 질문 하고, 그런 질문 나오고.

면담자　　　지금 말고, 1년 전에 참석하셨던 간담회도 혹시 기억나시는지, 그때도 지금하고 비슷했나요?

예진 아빠　　　그렇죠. 크게 생각나는 것은 없고요, 그냥 간간히 그냥 시간 될 때마다 주말에 같이 그런 것[간담회] 하고. 우리 대책위에서 어디로 가자, 강원도 가자 하면 가고 시청 가자 하면 시청 가고, 행사 같은 것 하고. 저는 나중에 또 생각나겠죠. 지금은 크게 생각나는 건 맨날 그러네요. 5월 1일 날[시행령 폐기를 위한 범국민

철야행동] 참석한 것하고, 우리가 그때 며칠 광화문에서 갇혀갖고 한 것하고, 청운동 가고 그런 것. 주로 그런 것 생각나고. 억울한 게, 경찰들한테 갇혀 있다는 게 억울한 거죠. 갇혀서, 1박 2일로 농성을 한다는 것도, 길가에 자고 땡볕에 앉아 있고. 갇혀서 그것도 열받는데, 갇혀서. 가겠다는데 가지도 못하고. 그러면 걔네 말로는 불법 집회라 하지만 "그럼 집회라면 우리 돌아서 가겠다" 그런데도 안 보내주고. 그래 갖고 1박 2일씩 대치한 게 생각나고.

면담자   그때 어떤 기분이 드셨어요?

예진 아빠   비참하죠. 우리나라 국민으로서 더럽죠. 이해가 안 되는 부분이죠. 인도에 앉아 있는데 왜 사람을 가두냐. 근데 왜 화장실도 못 가게 하냐, 사람인데. 왜 먹을 것도 못 먹게 하냐, 내가 무슨 죽을죄를 지었냐. 참 비참하죠. 이게 그러니까 참… 그때 심정으로는 지금 뭐만 있으면 다 죽이고 싶죠, 무기만 있다면 그냥 죽이고 싶죠…. 어차피 내 자식, 우리 같은 경우는 지금요, '어떤 누구 지금 특정한 인물 있으면 죽이고, 나 죽어도 관계없다' [싶어요]. 이 일에 진실에 관련되거나, 진짜 이 일에 관련되거나, 진짜 누구 책임자라면 지금이라도 죽이고 죽고 싶은 마음. 지금도 있어요, 그냥. 왜 내 새끼를 죽였는데, 범인인데, 원수인데. 그런 것 많죠. 우리 4월 16일 이후에 운전하고 가면서 '저 차를 때려 박아, 말아? 죽여버려?' 옛날 같으면 참고 넘어갈 일인데도, 조금만 성질나면 길에서 안 비켜준다고 그러면, 꼬장 부리는 식으로 빼라, 그런 식으로 싸움도 많이 하고, 욕도 많이 하고. 옛날 같으면 비켜주든가 미안하다 그러는데 이제는 그런 것 하도 당하다 보니까, 조금만 거슬리면 내가 욱해갖고 그냥 난리치는 거죠. 그러면 안 되겠는데, 그럴 수밖에 없고.

일단은 2년 동안 국가랑 공무원들을 믿고 싶지 않으니까. 전에는 안산 공무원들을, 무슨 경찰 도와주는 단체들이 싫었어요, 1년 전에만 해도. '아 저건 또 거짓말이다. 너희가 언제부터 나를 도와줬고, 언제부터 우리한테 안산시에서 우리한테 뭘 잘해줬길래 왔는가?' 첨에는 저희한테 집집마다 4월 16일 이후에, 보급품이나 가져다주고 나눠준다 그러더라고요. 처음에는 전화 와가지고 우리 그랬어요. "필요 없다. 가져가라. 갖고 오지 마라, 찾아오지도 마라." 공무원 자체도 싫었고, 공무원은 국가랑 같이 소속이 되어 있으니까. 대통령이 싫고 나라가 싫었는데, 공무원들, 나라 공무원들 월급 받아먹는 놈들인데, 내 세금 받아먹는 놈들인데 그놈도 싫은 놈이고, 그렇게 생각했죠. "너도 같은 범인이다. 우리 애를 죽인 범인이다" 공무원도, 너희도 공무원들도 국가가 시켜서 하는 것 아니냐. 자꾸 이렇게 해봐야 성질밖에 안 나고, 울분밖에 안 나고, 4월 16일 이후로 다 울분이고 열 받는 것밖에 없고요, 화풀이밖에 없고. 내 스트레스는 트라우마라든가 분노라든가 더 커져가고 점점.

면담자　　　민중총궐기대회 거기도 가셨었나요? 평일이라, 그때 목요일 날 있었던.

예진 아빠	목요일인가요? 그때가?
면담자	예. 목요일 날. 저번, 저저번 달 11월인가?

예진 아빠　주말에 내가 또 한 번 갔다 온 것 같은데? 아, 그건 2차고? 1차 때 내가 갔던 기억이 나는데, 기억이 나는데 서울시청에서 했는데? 그때도 갔다 왔는데, 갔다 운전하고 엊그제, 그다음에 2차, 가면 쓰고 할 때도 내가 갔다 오고 그랬는데.

면담자　그때도 막아서던가요?

예진 아빠　그때는 그렇게 많이 막지 않았어요. 전에처럼 그렇게 많이 그런 구석은 없었고요. 그때는, 우리가 생각하기는, 옛날 비해서는 평화로운 집회(웃음)? 옛날에 비해서, 우리만 단독 세월호 관련돼 갖고 할 때보다는 많이 완화가 되지 않았나, '왜 그러지? 노동자라 그러나? 노동자 것은 봐주고 세월호 것은 꽉 잡나?' 그런 생각이 들었죠. 행진을 해도, 마로니에까지 걸어갔는데, 큰 행진을 해도 그렇게 터치를 안 하고 그랬는데, 우리가 세월호만 한다고 하면은 물대포가 나오고 가드라인 다 치고. 우리만 한다 하면은 벌써 광화문 일대를 다 버스로, 서울 일대니까, 쳐버리고 2중 3중 가지 못하게 막아버리고 하니까. 참 신기하더라고요, 그게. 그래 갖고 '아, 노동계는, 노동자들은, 노동계는 힘이 있어 가지고 집회 허가를 다 내고 하기 때문에 안전하고, 세월호는 집회 허가를 안 내주니까 불법 되는구나. 그래, 참 더럽구나' 이거. 그러면 '뭘 자꾸 숨길 게 많아 갖고 세월호를 자꾸 덮으려고 하는가…'. 우리 같은 경우는 '아, 민중총궐기랑 그런 것 같으면, 그렇게 하면 우리도 맨날 집회하고 시위하겠다. 옛날 4월 달, 5월 달, 작년, 14년 그때에 비하면 헐렁하다' 그 생각이 [들었어요], 우리가 얼마나 당하고 억울했으면. 길가에 갇히고, 버스에 갇히고, 국회에 갇히고… 국회에 갇힐 때는 참 사복경찰, 저 국회도 경찰이 사복경찰들이 무지하게 깔려 있더만요, 보니까.

면담자   사복경찰들이요?

예진 아빠   그냥 우리가 볼 때 일반 시민인데, 우리는 하도 보니까 알죠. 딱 생김새하고 차림새하고 딱 보면 아는데, 국회에 있을 때는 화장실을 본관을 못 쓰고, 저기 앞을 못 쓰고 저 걸어서 저쪽 끝에 것만 쓰게 되는데, 거기를, 여름 때니까 걸어가고 있으면 벌써 애네가 무전을 때려요. 그때는 우리는 3반 티 검은 것을 입고 3반티를 입고 있었는데, "3반 한 명 지나감" 그래 갖고 들리더라고요, 그게. 누가 그쪽 밑에서. 그때는 처음에는 못 느끼고, 댕기다 보니까 그런 게 보여. 그 사람들이, 그런 애 몇 명 남자들이 쉬고 이렇게 핸드폰을 하고 있어요. 그러면 나는, 우리는 그냥 더우니까, 국회는 참 희한한 게요, 낮에는 무지하게 덥고 겨울에는 무지하게 춥더라고요, 이상하게. 죽겠더라고요. 비둘기 똥은 왜 이렇게 많은지. 그래 놓고 "참 국회는 희한하다. 응? 정치인들은 다 더러운 놈들밖에 없구나. 정치하는 놈들은 다 더럽구나" 그런 이야기도 했어요.

예진 아빠 정종만

그래 갖고 더우니까, 나무한테 딱 가니까 얘네가 서너 명 앉아 있다가 싹 빠지더라고요. 자기네 내가 얼핏 앉아서 가만히 듣기로는 이런 이야기를 하고, 꼽고 있는 사람 있고, '왜 핸드폰에 이어폰을 꼽고 있을까' 핸드폰을 하면서, 그리고 자기네들끼리 아침에 와 갖고 그걸 하더라고, 우리 밤에 자고 있으니까. 잤는데, 1시간 동안 딱 봤는데, 걔네가 조를 바꿨나 보더라고요. 조를 바꿨고 세 네 명이 앉아갖고 자기네 이야기를 하고 있더라고. [자기네끼리] "뭐 하고, 뭐 하고, 뭐 하고" 얼핏 내가 듣다 보니까, 내가 딱 앉으니까 자기네들이 딱 해산하면서 차로 가더라고, 승용차로 가더라고. 딱 그래서 내가 이렇게 유심히 봤죠. 그래 갖고 올라가니까 한참 있다가 다시 또 모이더라고. '아, 이거는 맞다. 이거는 정확하다'. 짜증 나는 건요, 경찰들이 우리는 부를 때, 광화문에서 화장실을 갔다 오는데 "몇 점, 몇 점"을 불러요. 우리들 지나가면 사람을 부를 때 자기네들끼리 무전기로.

면담자   은어인 거예요?

예진 아빠   네. "저기 세월호 노란 티 2점, 자유 5점 올라감" 무전기로 그래 갖고 내가 성질나니까 "야, 무전기 소리 낮춰라. 내가 시발, 사람이지 점이냐, 어? 내 몇 점밖에 안 돼냐, 내가 고깃덩어리냐? 새끼들아" 그래 싸운 적도 있어요. 그나마 그놈은 착한 놈이에요. 그 경찰 조를 짜고 다니는 애들 중에 착한 애들 있어요. 그래서 그, 걔는 쭉정이인 애고, 그리고 어떤 새끼는 형사 밑에서 따지는 사람들이 있어요. "뭔데, 경찰한테 따지냐", "네가 경찰이냐, 그러면 경찰이면 나는 인권 없냐. 너는 인권 있고 나는 인권 없냐" 그러면, 그러면 무슨 과장이라 형사과 어디서 왔다고 이야길 해. 경찰을 협박하고 구속한다고 이야기를 해. "구속해! 이게 구속할 일이면 나도 너를 집어넣겠다, 인권위에 집어넣겠다. 내가 몇 점이고, 내가 어디 가든, 내가 왜 너네한테 감시를 당하고 사냐? 어?" 그런 다른 애들, 경찰 애들 말을 안 해요. 개새끼들 듣지도 않고. 개새끼들이니까. 그건 개새끼들이고 다, 다 처먹은 새끼들이니까. 미치죠. 그러니까 차라리, 딱 가도 몇 점, 몇 점, 몇 점(헛웃음). 사람을 점으로 세고 있더라고요(한숨). 진짜 더러운 나라다. 왜 세월호가, 왜 세월호 유가족은 나쁜 놈들이고 죄인이 되어야 되는가, 이런 나라에요. 아이고, 이런 나라에서 세금을 내고 살았으니. 내 애를 갖다가 바치고, 참.

9
지난 2년간 활동하면서 가장 후회되었던 일

면담자　　　　지금, 그 지금 지난날을 돌아보면서 혹시 그 이후에 하셨던 활동 중에 아쉽거나 후회가 되거나 이런 일도 있었는지요?

예진 아빠　　　아쉽거나 그런 건 없고요, 더 많이 움직여야 되는데 못 움직인 거[가 아쉽죠]. 우리가 지금 우리도 자꾸 이렇게 알릴 것을, 대책을 준비하고 있지만, 내 자신이 조금 미흡한 건, 나도 자료를 꺼내서 일단 배포할 거를 만들고 자료를 만들고 시민한테 알리고 싶은데, 그것도 모은 자료가 있을 때, 연결을 시켜서 길지 않은 범위에서 5분, 10분짜리에서 USB를 만들든가, 아니면 어디서 영상을 튼다든가, 사진을 배포한다든가, 이런 찌라시라든지, 찌라시라든지 광고를 만들어서 했으면 하는 것도 아쉽고. 그래도 자꾸 하다 보면 그런 [나아지는] 것도 있겠죠. 그래서 더 열심히 더 못 한 것만 아쉽죠, 계속. 더 많이 알리고 진실을 밝힐 때까지, 아는 만큼, 몰라도 배우면서 계속 시민들한테 알리고, 한 사람이 두 사람이 되고 두 사람이 여러 명 될 때까지 계속.

그래서 제가 피켓을 여기 [안산시] 동명[상가 일대]에서 시작한 계기가 바로 그거예요. 여기 안산에 '와선촛불'[이라는] 단체가 있어요. 와선촛불 단체가 있는데, 그 사람은 4·16 이후부터 계속 일주일에 모여서 안산 와동체육공원에서 촛불을 밝히는 단체가 있는데, 처음에는 거기를 다 가지는 못하겠더라고, 미안하고…. 우리 그때 국회에서 [밤샘 농성] 하면서 국회를 왔다 갔다 하고, 거기 국회 끝나고 내려와서 그런 데 차마, 그 자리를 가지는 못하겠더라고… 미안하고. 그래 내가 또 가서 차마 나설 수가 없더라고요. 그래 갖고 가만있다 보니까 안 되겠다고 생각한 게, 그 사람들이 또 매주 목요일인가 피켓을 동명에서 들고 한 바퀴씩, 저기 사거리에서 한 바퀴 돌고 행진하고 헤어지더라고. 그래서 그거를 보고, 비 오는 날인데 비를 맞고 가더라고.

그래 갖고 '아, 지금 내가 아니고, 본인도 아닌 사람이 동네에서 저렇게 하는 게 대단하다, 안 되겠다, 나도 어떻게든 저 사람들한테, 시민들한테, 이제는 시민들한테 조금이라도 나도 알려야겠다. 나도 유가족으로서 그렇게 해주면 내가 고마움을 표시해야겠다' 그래서 내가 그쪽에 찾아가서 인사를 했어요. "나 이런 예진 아빤데, 여러분 참 고맙다. 그래서 여기는 일주일 한 번씩 한다니까 나는 그날만 참석을 하겠다. 피켓 드는 것도 참석을 하겠다" 그래서 목요일 날 한번 들고 하다 보니까, 대책위 쪽에서 '매주 금요일 날 애들 오는 날이니까 그날 피켓을 하자' 그래서 그 사람들한테, "그러면 목요일 날 하지 말고, 금요일 날 우리하고 같이 하자, 동명에서" [그리고] 피켓 끝나고 뒤풀이하면서, 이런 이야기 간담회 비슷하게 이야기하는 거죠. 서로 애들 이야기하든지, 아니면 자기네 이야기 하든지. 우리가 거기 꼭 끼려고, 피켓 끝나고 뒤풀이 가는 사람들이 엄마, 아빠들도 있고 집에 가는 사람도 있고 하니까, 돌아가면서 간담회 자리가 되는 거죠. 그래서 술 한잔 먹으면서 밥 먹으면서 간담회 자리가 되고, 그 피켓 드는 계기가 그렇게 되고, 고마운 뜻에. 진짜 시민들이, 안산 와동, 선부동, "와선"이라는 게 와동, 선부동 그 뜻이거든요. 그 지역에서 제일 사건이[희생자가] 많았는데, "어떻게 유가족 한 명이 참석을 안 하냐. 나도 참석을 하겠다" 그래서 가서 이야기해 갖고 매주 금요일 날 참석한 게 그거고, 피켓 들고.

그 시민들한테 그랬어요, 그 단체한테. "내가 유가족이니까 내가 나옴으로써 내가 한 명, 두 명 더 데리고 나오겠다. 계속 우리도 계속 오게 만들겠다" 지금 20명인지 처음에 가입을 스물 몇 명이 나오다가 [지금은] 10명도 안 나온다고 그러더라고요. "그러면 그쪽도 시민단체니까, 시민이니까, 처음부터 나왔던 사람들하고 자꾸 알려서 20명이 40명이 되고, 40명이 60명이 되도록 알려달라. 계속 이렇게 하고 있고, 세월호 이야기를 해주고, 이런 단체가 있다는 것도, 여러분도 또 해라. 그러면 나도 유가족을, 우리 가족을 더 데려오겠다, 내가 한 명을 데리고 오면 두 명이, 두 명이 네 명을 데리고 오겠다" 그래 갖고 지금 3반이 거의 한 6, 7명 같이 만나요, 그래서. 그쪽하고 만나고 3반도 있고, 다른 저기 다른 반 엄마, 아빠들도 있고. 여기는 한 일단 20명, 30명 피켓 같이 [드는데] 매주 금요일 날 6시에서 8시까지 그렇게 하겠다고. 그러다 시민들이, 그 단체들한테 고맙죠. 안산 시민들한테 고맙고. 물론 안 그런 사람도 많지마는. 안 그런 사람이 더 많겠죠. 안 좋아하는 사람이 더 많겠죠, 좋아하는 사람은 별로 없고. 왜 뉴스에는 안 나오고 부각이 안 될까, 잊혀가니까. 그래서 '우리라도 더 알리고, 힘들어도 접촉을 해서 더하는 방법밖에 없구나. 언론에 나올 때까지, 언론에 나올 때까지 계속 어떻게든 행동을 해야겠다' 그러면서.

10
예진이 동생의 근황

면담자   아까 ○○이가 친척들 만나고 싶다 이런 이야기를 했다 그랬잖아요. 요즘 어떻게 지내고 있나요?

예진 아빠   ○○이도 상당히, 내가 이야기하는 거는, 저보다 ○○이가 더 마음이 더 아프죠, 더 미치죠. 오죽하겠냐 진짜, 그런 생각이 들고요. 〈비공개〉 공부를… 공부도 안 될뿐더러, 자꾸 이 세월호 이야기하는 것도 애가 피하더라고, 다른 애들 같으면 나서서 그럴 텐데. '아, 너도 그런 트라우마가 있구나. 이거를 네가 피하려는 이유는, 이유가, 오죽하면 그러겠냐, 너도'. 자기도 행복할 권리가 있고, 옛날 좋았었는데 갑자기 이런 꼴이 됐으니까, 걔도 참 크나큰 피해자죠, 피해자고. 왜냐면 일단 부모, 우리 엄마 아빠들이 정말, 집에 엄마 같은 경우는 등한시하니까. 옛날같이 챙겨주지도 못하고. 하는 것도, 하질 못하지. 또 사실 활동하다 보면 집에 며칠 못 들어오고, 팽목 갔다 오면, 어디 지방 갔다 오면, 한 일주일씩 3일씩 못 들어올 때 있고 그러니까. 주말에는 거의 나오고. 애, 아들내미 주말에는 볼 시간 없고, 학원 끝나고 오면 10시고, 씻고 자면 땡이고. 아침에 조금 보면 땡이고, 애들하고 옛날처럼 그렇게 많이 대화도 못 하고. 저번에는 예진 엄마 남동생, 처남 되죠? 처남 결혼식이 있다 그래 갖고 ○○이하고 셋이서 애 엄마하고 갔어요. 그러니까 저는 미치죠. 저는, 우리는 가족끼리 눈물 나고 미치죠. 못 들어가고 ○○이보고 갔다 오라 그러고 ○○이는 있다 나오고. 우리는 살짝 밥만 먹고 봉투만 주고 밥만 먹고 나왔고, ○○이를 봐서라도 가야 되는 게 맞는데, 가지를 못하니까.

예진 아빠 정종만

면담자　　　그러면 ○○이는 지금 이 이야기를 전혀 안 하나요?

예진 아빠　　안 하려고 자꾸 피하죠. 피하고 그러고 간혹 가다 말을 시켜요, 예진 엄마가 말을 시켜요, ○○이한테. "야, 이 사건이 그래도 네가 잊어지면 안 된다" 그러면 알고는 있죠. 알고는 있다고 그래요. ○○이가 알고는 있어요. 알고는 있는데 그런 식으로 하니까. 그런데 이렇게 자꾸 이야기하다 보면 알았다고 방으로 들어가 버리니까. 학교에서도 예진이 엄마가 이야기해 놓은 게, 너무 부각시키지 말고 이렇게 조금씩만 해라 세월호에 대해서. 너무 애를 [힘들게 하면] 안 되니까. 그렇게 부탁을 해놓은 것 같더라고요. 학교 담임선생님한테도 이 친구들한테 평준화를 요구하고, 세월호를 꺼냈을 때 애를 지목하지 말고 그냥 둥글둥글하게 이야기해 줘야 된다. ○○이는 어쩌고저쩌고 집어넣으면 안 된다. 당연히 안 되겠죠. 걔네는 우리같이 생각이 있으면 관계없지만, 얘는 지금 청소년기의 고1인데. 그리고 아직까지는 시선이, 이 시민들이, 다 안산의 세월호를 다 좋아하라는 법 없고 이해하는 놈도 없고, 20퍼센트만 이해한 상태고. 그러다 보니까 또 이렇게 되죠. 50퍼센트, 60퍼센트까지만 이해한다면 좋은 안산이 되지. 진짜 그야말로 안산시장이 특별시, 안산 특별시 되겠죠. 50, 60퍼센트만 인지를 해주고 부각을 시켜준다면 안산에서도. 우리는 안산도 이해 못 하는데, 이해 못 하고 이해 안 하죠. 당연히 자기도 먹고살아야 되니까.

　　아니 안산에서 일어난, 이리 큰일이 벌어졌는데도 지금 과연 안산시장은 얼마나 밀어주고 있는가, 우리들한테. 진실된 마음으로, 자기는 만나면 진실되고 해준다고 그러는데, 과연 무엇을 했는가. 조문 몇 번 아침에 왔다 그러는 거 그것밖에 없지 않냐. 시장으로서 안산시에 이렇게 큰 일이 벌어졌는데, 사람이 300명이 죽었는데, 250명이 죽었으면 부모까지 하면 500명이고 친척 합치면 1000명 이상이 트라우마 시달리고 아픔을 겪고 있는데, 물론 시민들도 더, 아픔을 같이해 주는 사람이 많으니까 1000명이 넘겠죠. 그냥, 안산시에 몇천 명이 아픔을 겪고 있는데 과연 뭘 한다고 그러냐 그런 생각도 들고. 자꾸 이야기하다 보면 정부 욕, 시장 욕, 남 욕만 계속 해쌓고(헛웃음) 이러면 안 되는데 그럴 수밖에 없고.

11
앞으로 추구하는 목표

면담자   앞으로 지내시면서 추구하려는 목표가 혹시 있으신가요?

예진 아빠   목표가 뭐 있겠습니까. 진실만 빨리 밝혀지고 빨리 인양되고. 그러니까 '빨리'라는 이야기가 또 나오는데, 이게 트라우마처럼 또 나오고 있는데, 솔직하게 보이는 면 그대로 정부에서 또 우리가[를] 덮지 말고 우리 가족들 나쁘다 하지 말고, 이 보이는 대로 그대로, 진실도 그대로, 내가, 우리가 지금 처벌해 달라는 거 아니에요? 돈을 더 달라는 것도 아니야, 돈도 안 달라 해. 필요 없다.

예진 아빠 정종만

왜 우리 애가 죽었는가, 그것만 해주면 된다. 제 소견은 그렇습니다. 다른 사람 생각은 틀리겠지만, 저는 우리 아이 진실만 밝혀진다면 아무것도 없어요, 그냥.

그렇게 좋던, 화목한 가정을 다 풍비박산 내고… 억울하죠…. 그것만 생각하면 미치죠. 재미있던 시절이 좋았는데 앞으로 재미있게 살날도 많은데, 열여덟 된 애를 갖다가 꿈도 못 펴게 하고 소리도 못 지르게 하고 수장을 시켰으니…. 얘기했듯이, 구조를 하다가 진짜 배가 사고가 났다 그러면 저희는 이해를 했겠죠. 이거는 사고가 아니라 사건이고, 그렇기 때문에 지금 또 끝까지 싸우는 것이고, 정부는 사건을 덮으려는 것이고. 아직도 할 일이 많은 애들을 갖다가 사고 냈으니, 아무 이유도 없이. 어쨌든 울화통 터지는게, '내가 나라를 팔아먹었냐, 내가 세금을 떼어먹었냐, 사람을 해코지를 했냐, 왜 내 자식을 건드나' 그런 생각이 들어요.

지금 우리보다 더 나쁘고 더 악랄하게 사는 새끼들은 잘 먹고 잘 살고 떵떵대고, 지네 자식 좋은 데 보내고 자기 자식들한테 뭘 하고 금의환향하면 금 숟갈로 밥 먹이고 있으면서, 우리가 자기네들한테 뭐라고 그랬냐. 우리는 걔네들보고, 국가보고, 뭐라고 그러지도 않고 정치하는 사람들한테 뭐라 하지도 않았어요. 그 집 애들보고 해코지하거나 욕도 안 했고. 단지 우리 애들만, 내가 열심히 벌어서 우리 애들 열심히 잘 키우고 재미있게 살고 잘 먹고살려고 했는데, 왜 내 자식을, 내 우리 가족을 박살 내냐. 그러니까 참을수가 없다 그 이야기죠. 참을 수가 없죠. 진짜 사고였다면 '아, 내가

125
•
3회차

잘못했구나. 내가 잘못 살았구나. 내 팔자구나' 우리 애보고도 '아, 너의 운명이 거기밖에 없구나' 그러지. 그런데 이건 사건이니까 사고가 아니니까. 끝까지 밝혀야죠.

면담자　　　　그러면 올해, 많은 시간이 필요하겠지만 만약에 인양도 온전히 되고, 여러 가지 교실 존치 문제도 해결이 되고 이렇게 하고 나면, 그다음에는 무엇을 하면서 살고 싶으신지요?

예진 아빠　　　이제는 진실 밝히면서, 애들 넋을 기리면서, 조용히 살아야 되는데, 그러지 않을 것 같아요. 제 생각에는 그러고 싶지 않고 그럴수록 더 사회활동을 할 것 같습니다. 사회활동을 하고 못된 나라를 다시 만들고, 나쁜 놈들은 쳐부수고, 그렇고 남을, 내가 도움을 받는 게 아니라 도와주고 싶고, 봉사하는 마음으로 남을 봉사하고, 웬만큼 정리가 된다고 하면 남한테 봉사하면서 사회활동을 하고 싶어요. 나쁜 정치를 한다 그러면 나서서, 요즘 많잖아요. 사건이 많이 나죠. 또 일부러 세월호 묻으려고 한 서너 개 터트려 놨잖아요. 위안부 문제도 개떡 됐고. 그 몇십 년을 싸운 건데 그게 말이 되는 거야, 그런 더러운 것. 5대 악법 거시깽이, 노동자들 그 법도 만드는 것도 그렇고 하여간 나쁜 게 많죠.

이제는 웬만큼 되면, 정의롭게 남한테 봉사하면서 그렇게 살고 싶어요. 이제는 욕심도, 우리 애들만 다 정리만 되면 나는 욕심도 없습니다. 진실만 밝혀진다면 억울하지만 않게 끝나면 욕심도 없고요, 진짜. 이 정의로운 나라를 만들어야지, 자꾸 썩어가는 나라를 없애야지 왜 썩어가게 만드느냐. 나 말고 다른 사람 피해 또 나와요, 이게 이 세월호가 묻힌다면 다른 더 큰 일이 터질 때는 또 어떡할 건가. 또 몇 천 명이 고통 받고, 몇, 또 어떤 가정이 또 눈물 나면서 살아가야 하나, 평생을. 그러지 않게 만들어야죠. 다 이런 일이 일어날 수도 없는 것이고 일어나서는 말도 안 되는 일이고. 일어났다는 자체가 잘못된 거였지만은 앞으로도 나지 말아야죠. 어떤 이런 끔찍한, 사람을 죽이는 일은 없어야 돼요.

전에는 그랬어요. 정치하는 새끼들이 돈을 빼먹든지 나라를 팔아먹든지 신경 안 썼어요. 사람을 안 죽였으니까. 이 사건은 내 애가 아니더라도 300명 이상 죽은 사건이에요. 이걸 보고 국민들도, 가만히 있는 국민들도 잘못된 국민들이고. 사람이 이유 없이 300명이 죽은 사건인데도 이 세월[호 유가족]을 욕하는 걸 보면. 자기 일이 아닌데 왜 욕을 할까. 나는 참 그 사람들 뇌에 뭐가 들었을까, 과연. 그렇게 생각을 하죠. 도와주지는 못할망정 왜 쪽박을 깨냐, 그런 생각들도 하고.

면담자　　제가 앞에서 여쭤보고 싶었던 건데, 여러 가지 활동을 분산해서 진행하고 계시잖아요. 그러면 주로 관련 행사나 소식 같은 걸 어디서 얻으시나요?

예진 아빠　　저희 같은 경우는, 저 같은 경우는 가족협의회, 거기밖에 없죠. 밴드나. 밴드밖에 없고요.

면담자　　밴드는 반별로 돼 있나요?

간담회 같은 건 '별의 노래'라고 그런 밴드가 별도로 있고요. 가족협의회는 주로 올라오는 것들, 사항들, 행사 같은 것들 올라오고 그걸 받아서 반대표가 받아서 취합하는 것 정도. "다음에 무슨 일 있다는데, 누구누구 갈 거냐? 아니면 할 거냐?" 그래야지, 뭘 취합을 빨리 해줘야지. 차 수배도 하고, 식사 문제도 그렇고, 행사 그쪽하고 이야기할 것도 있고 하니까. 지금 저 같은 경우는 그것. 아까도 이야기했듯이 4·16 기록하는 게 많잖아요, 일을 하는 것도 많고. 저쪽 온마음센터에서도 하는 것이 많고 '이웃'에서도 하는 것이 많고. 지금 '우리함께' 그쪽에서 하는 행사도 있고. 그런 취합은 큰 거만 대충 알아요. 그 '우리함께' 같은 경우는 소식지를 가족 다[에게 보내죠]. 저 같은 경우는 가족협의회에서 듣고 그러니까 4·16[기억]저장소 같은 경우는 4·16 그 방이 또 있더라고요, 정보 올라오는 게. 그 가끔씩 그 페북에 보고 그렇게 보고 있고.

웬만하면 예진 엄마가 정보를 많이 가져다주지. "내일모레 한다더라, 어디 간다더라, 한다더라" 그러면 나보고 참여할 거냐고. 그러면 조금 하겠다, 말겠다, 나는 못 가니까 너 먼저 해야 된다. 예진 엄마 같은 경우는 지금 할 게 많죠. 지금 동거차도도 가야 되고, 팽목도 가야 되고, 합창도 해야 되고. 물론 간담회 같은 것도 좋지만 합창 같은 것도 우리가 4·16가족협의회가 안 깨지기 위해서는 그런 합창단도 있으면 계속 연결, 연결되니까, 몇 년씩 갈 수 있다고 보고. 하여간 이 4·16이라는 게 없어지면은 안 될 것 같아요. 그러면 사람들, 국민들도 그렇고, 시민들 다 잊혀지는 것이니까. 어떻게든 자꾸 이런 기록관도 있어야 되고 사람들을 어떻게 오게끔 만들고 자꾸 알리는 게 중요하니까.

그건 아까도 이야기 했듯이 온마음센터 같은 경우는 정보가 없다 그래 가지고, 내가 심리분과에다 건의를 내놨어요. "그런 정보가 있으면 알려달라". 알고 못 가는 것 하고 모르고 자기네들끼리 하는 것 하고 틀리지 않냐. 나 말고도 그런 사람들이 많다. 안 가더라도 '아, 그런 게 있구나. 그리고 온마음센터가 그런 일을 하는구나' 몇 명 치료하고 어떻게 그런 거 지금 안마 받으러 가는 사람도 온마음센터에 아프다고 가는 사람도 많아요. 그런데 가는 사람만 가고 또 안 가는 사람은 또 안 가요. 물론 마음이 상해서 안 가고, 가고 싶지 않고 그런 사람도 많겠죠. 듣고 싶지 않은 사람도 많지마는, 진짜로 몰라서 못 가는 사람들도 많다 이거지.

지금 온마음센터 같은 경우는 프로그램도 많아요. 수요일 날 저녁에 하는 것도 그 남자들, '남자의 방'도 있고, 힐링하는 것도 있고 많더라고요. 그날은 온마음센터 저기 '남자의 방' 한 번 할 때 참가를 해갖고, 새로 나올 때마다 문자가 와요. 김계순 씨한테 문자는 오는데, 한 번 가고 또 안 가는 이유도 그런다는 거예요. 알려주려면 다 같이 알려주고 꾸준히 알려줘야 하는데, 어느 일부만 알려주고 누구만 나오라 그리고. 내가 참석률을 물어봤어. 그 내가 갈 때도 6명밖에 안 나왔어, 20명, 30명 모집하는데. 모르는 사람도 있구나. 지금도 내가 안 가는 이유인데, 우리 반에 그 혜원 아빠가 거길 가더라고. 나보고 가자는 거야. 나는 알고 있는데 안 간다. 몇 명 가냐니까 6명밖에, 10명? 7명 한다 하더라고. "거기 인원이 20명, 30명인데 왜 그거밖에 안 나가?" 그러니까 안 나온다는 거야. 안 나오기는, 모르는 사람이 많다.

그러고 나는 또 온마음센터에, 온마음센터에 왜 주말에는 활동이 없냐, 토, 일은 왜 안 하냐. 너네 공무원이냐, 어? 그리고 교수들 불러 강의하는 거는 왜 온마음센터에서만 하냐. 분향소에도 자리가 되지 않냐. 대기실에 보면 자리가 있고 엄마, 아빠 공방도 있는데, 교수만 한 명만 오면 사람들 모일 수 있는 장소가 있는데 꼭 왜 온마음센터에서 오라 그러냐, 어? 무슨 기구가 있거나 그러면 이해한다. 무슨 장치가 있거나, 무슨 그런 거 있으면은, 시설이 있으면 온마음센터로 가야 되지마는 달랑 이런 데서, 한 사람만 오면 되는데 열 명이 왜 그리로 가냐? 온마음센터로 그리고 가갖고 저녁 먹어가면서, 그것도 나랏돈이지, 우리 애들 다, 우리 애들 값이지. 저녁 사주고, 주차비[도] 다, 온마음센터가 우리 애들 희생 값이잖아요. 그게 국가 보조로 나온 거 아니야. 그게, 이런 일만 없으면 그게 나올 일도 없겠죠.

안산 단원고 같은 경우도 애들 4·16 전에는 돈이 없던 학교였어요. 재정이 모자라 가지고 쩔쩔매는 학교였고. 그런데 지금 입학하는 애들이 남아돈다는 이유가, 들어오는 애들 교복, 돈 많으니까 교복 사준다고 그러지, 교복 공짜로 주죠, 밥 공짜로 주죠, 그러니까 이게 당연히 몰리지. 지네가 진정 마음이 아파서 오는 애들 같으면, 누가 300명이 죽고 250명이 죽은 학교 누가 들어오겠어, 왜 단원고를 들어와? 학교 많은데, 안산에. 다 무상으로 해준다니까, 돈이 많아 무상으로 해준다니까 이리로 모이는 수밖에 없고. 그러면[서] 교실 없앤다 그러고. 우리 예진이 같은 애들 다닐 때만 해도, 우리 1년 선배들, 선배들 물어봐도 돈이 없어. 쩔쩔매고 무슨 행사를 하나 못하는 학교였어요, 이게. 그 이후로 지금 애들 다 체험활동 해갖고 외국 갔다 오죠, 캄보디아 갔다 오죠, 돈이 남으니까. 그거 하죠, 우리 애들 졸업식 하는데 골드바를 하나씩 해준대요. 우리 다 거부했잖아요. 야, 그게 뭐가 중요하다고, 너희 돈이 어디 있다고, 돈이 어디서 나가지고 골드바를 해주고 졸업 선물을 해주냐. 우리 필요 없다. 그런 학교예요, 단원고가.

면담자　　　명예 졸업을 하려던 친구들한테만 주는 거예요?

예진 아빠　　네. 우리는 그렇게 알았어요. "희생자들한테 명예 졸업식 때 주겠다"(헛웃음) 그런 이런 썩은 학교가 어디 있냐. 지금 명예 졸업이고, 못 올린 것도 많고, 추모할 것도 많고, 학교에서 할 것도 많은데. 애들한테 가르칠 것도 많은데, 말로 가르칠 것도 많고 인식할 것도 많은데, 그런 금 쪼가리 한 덩어리 줘가지고 우리를 흔드나? 그런 단원고가 세상에 어디 있냐. 이런 산 교육장인, 이런 단원고에서 이런 일이 벌어진 건데, 참. 그렇게 돈 많으면 교실 하나 증축하든가, 교무실 잘 만들고 애를 학생반 잘해줘 놓던가. 그 학교에 갖다 놓은 꽃도 다 학부모들이 가져다 놓은 것이고, 청소도 학부모들이 다 하고 있어요. 그럴 돈 있으면 거기를 청소를 시켜

라. 사람 써가지고 꽃 관리도 거기를 사람 써가지고, 그래 돈이 있으면. 돈을 왜 엄한데 우리 애들 죽은 돈을 가져다 왜 엄한데 쓰고 너네 살았다고. 살은 애들도 맞어, 트라우마가 있으니까. 그런데 죽은 애들이 더 불쌍하잖아요, 살은 애들보다. 우리들은 그래요. 지금도 우리 애가 다쳐왔어도, 식물인간이 돼도, 옆에만 누[워] 있어도 [좋겠다는] 그런 심정이에요. 〈비공개〉 그런 학교에서 우리가 무슨 졸업할 때 금덩어리를 준다 그러고 그걸 누가 좋아하겠습니까, 어? 생각부터 틀린 학교인데. 그런, 참, 적은 자기네들이 만들어놓고 우리보고 나쁘다고 하면 되나, 그게 안 되지. 그게 가면 갈수록 자꾸 울분만 쌓이다 보니까 화만 나는 것이고. 그래서 자꾸 너희는 그래라, 우리들 화만 돋워라. 우리들은 끝까지 간다. 나라가 썩으니까 학교까지 썩어서(헛웃음)(한숨).

12
진상 규명에 대한 전망

면담자   그러면 그 진상 규명이 본인한테 어떤 의미인지, 그리고 앞으로 전망이 어떻다고 생각하시는지요?

예진 아빠   아 전망은 정확히 나온 거는 없… 힘들겠죠. 진상 규명이 되려면 힘들다고 보는데, 그렇지도 않다고 보는 입장인 거예요. 제 입장은 '그렇지도 않다. 왜 자꾸 어렵다고 생각하느냐. 한번 해보지도 않고 끝까지 해보면 뭐가 되지 않겠냐' 그런 심정이에요. 물론 어려운 이야기겠지만은 어렵지도 않다. 뭔가 하다 보면 조금이라도 나오지 않을까? 어렵다고 안 하고, 주저앉고, 지금 대부분 안 나오는 부모들 다 그럴 거예요. '야, 되지도 않을 건데 뭐 하러 힘 쓰냐?' 어차피 있다 보면 저는 속으로 그래요. 〈비공개〉 그나마 종이 때가리[쪼가리] 같은 수사권 기소권 없는 특별법 만드는 것도 그렇게 눕고 지랄했으니까, 이런 관례가 없는 것을 만들어놓은 건데 그나마, 국회 노숙해 가면서. 어느 나라 사람들이 죽었다고 그걸 만들겠어요. 가서 눕고, 지랄하고, 노숙을 하고, 잠을 자다 보니까 그나마 쓸데없는 것이지만은, 쓸데없는 건 아니죠. 중요한 걸 했죠. 이런 관례가 없는 특별법을 만드는 것도 대단한 거고, 비록 실물은 약하지만은 그거라도 만든 것도 대단한 거고. 아까도 이야기했듯이, 자꾸 이런 사고 났을 때 물러서고 그러면은 다음에 더 큰 일이 일어나면 그런 것도 없어지는 거예요. 특별법 그런 것도 안 만들 생각이고, 강자만 크는 것이고, 정치만 이기는 거고, 국가만 더 좋아지는 거고. 아니 좋아지는 게 아니라 국가가 만들었으면 책임을 져야지, 일을 벌였으면.

그나마 그래서 저 같은 경우는 '아 이걸 끝까지 하자. 되든 안 되든 해본다면, 무슨 이야기를 후회도 없이 해야지, 왜 해보지도 않고, 후회하고 안 될 거라고 단정을 짓냐?' 그렇게 짧은 생각을 하고 있습니다. 머릿속은 그렇지만 끝까지 움직이고 내 나이 육칠십 넘고 죽을 때까지도 할 것이고, 안 풀어지면 끝까지 외칠 것이고,

안 되면 우리 아들한테도 "야, 이거니까 너는 이거는 딱 이야기해도 되고 변호사를 선임해 가지고 해라. 아니면 시민단체를 만나갖고 같이 가라" 그렇게 만들 겁니다. 좌우지간 그것밖에 없다고 끝까지 해보고, 끝까지 해야 되고, 안 된다 해도. 힘들겠죠, 쉬운 게, 세상에 쉬운 게 없겠죠. '여기서 힘들다고 하면 내 자식보다 더 힘들었겠냐, 그 순간에' 그런 생각도 많이 해요. '우리 애가 힘들게 죽었는데 이게 뭐가 힘드냐. 죽은 사람도 있는데. 억울하게 죽고, 힘들게 죽은 사람도 있는데. 산 놈이 이게 힘들다 하면 안 되지'[라고 생각해요].

면담자   제가 자료를 많이 찾아보니까, 예진 어머님은 활동 많이 하셨어요. 아버님도 많이 하셨는데 노출이 언론에 상대적으로 많이 안 되셨더라고요.

예진 아빠   저는 별로 없어요. 그리고 나는, (면담자 : 왜 없어요?) 그리고 나는 활동을 많이 했다고 하는데, 남들이 볼 때 인사치레고요. 저는 아직 멀었죠. 아직 멀었고. 그래서 더 끈질기게 갈 거고. 저는 많이 부각이 안 되고 거의 없을 거예요. 남들에 비하면 하지도 않은 편이었고. 그래서 더 끝까지 할 거고요. 꾸준히 계속할 겁니다.

면담자   알겠습니다. 저도 열심히 해야죠. 그러면 이것으로 구술을 마치도록 하겠습니다. 오늘 어려운 말씀해 주셔서 감사드립니다.

예진 아빠   항상 도와줘서 고맙습니다.

4·16구술증언록 단원고 2학년 3반 제7권

그날을 말하다 예진 아빠 정종만

ⓒ 4·16기억저장소, 2019

기획 편집 4·16기억저장소 ┆ **지원 협조** (사)4·16세월호참사가족협의회
펴낸이 김종수 ┆ **펴낸곳** 한울엠플러스(주)
초판 1쇄 인쇄 2019년 4월 1일 ┆ **초판 1쇄 발행** 2019년 4월 16일
주소 10881 경기도 파주시 광인사길 153 한울시소빌딩 3층
전화 031-955-0655 ┆ **팩스** 031-955-0656 ┆ **홈페이지** www.hanulmplus.kr
등록번호 제406-2015-000143호

Printed in Korea.
ISBN 978-89-460-6719-6 04300
        978-89-460-6700-4 (세트)
* 책값은 겉표지에 표시되어 있습니다.